MA寶典
Management Associate

進入金融業一定要知道的 23 件事

班克——著

與有志於金融業儲備幹部的年輕人
分享經驗

推薦序　金融業**MA**最佳指南

政大企管系教授　**樓永堅**

　　任何組織要能成功發展，最關鍵的要素就是人才，而人才的培養可能需時甚久，且傳統的階層組織層級很多，好的人才要在短時間晉升可能也不容易，導致人才卻步或是流失的機會甚高。另一方面，有潛力的人才也是各產業極力爭取的對象，如果不能祭出優厚的條件吸引，恐怕就會在人才的爭奪戰中落敗。

　　因此MA或儲備幹部計畫應運而生，希望藉由比較好的待遇和發展機會，精挑細選出雖然缺乏實務經驗，但擁有高度潛力的菁英，透過系統化的輪調、專案任務、師徒制指導等學習發展活動，期望可以讓這些有潛力的人才快速成為管理者或領導人。MA計畫在台灣雖然是從金融業開始，但已經擴散到許多行業，例如製造業、電信業，甚至在新加坡與英國的公務體系也有類似的Fast Stream計畫以吸引優秀人才進入公務體系。

　　無論何種形式與內容，MA計畫的三大要素是有潛力的

人才、有系統的培訓計畫以及優渥的薪資福利。

首先，MA計畫目標就是在挑選並養成未來的領袖，所以什麼樣的能力是廠商或組織所看重的，是有志於各行業MA的人必須要了解的，所謂知己知彼，百戰百勝。

本書為讀者整理了各家金控公司的MA計畫所招募的人才特質以及相關的徵選程序，是非常實用的資訊，有志之士可以據此選擇自己最有競爭優勢的目標公司全力準備，以增加錄取機會。而尚在就學的學生也可以參考，積極利用在學期間努力培養MA所需的能力，本書可說是最佳指南。

其次，要能吸引高素質和高潛力的人才，最重要的是完整的教育訓練規畫，以及MA的職涯前程規畫。一般而言，各家公司都有所謂的輪調制度和高階主管帶領，然而是否具體落實師徒制度，可能是必須深入了解的課題，尤其是HR如何追蹤或確保高階主管有效執行傳承的任務，可能是MA必須仔細評估的因素。

最後，優秀的領導人才一般都有多元的就業機會，甚至具備國際的移動力，因此優渥的薪資，雖然不是唯一的條件，但卻是不可或缺的考慮因素。本書除了比較各家金控的起薪水準之外，也提供未來薪資成長的情況，同時也說明其他的福利措施，可說是很充分的參考資料。

總而言之，本書針對MA的各個層面都做了相當完整的

整理與各家金控的比較，不僅有作者本人的親身體驗，還有各家金控MA的分享，可以說是知無不言，言無不盡。對於有志進軍金融產業MA的新鮮人而言，這是一本重要的參考書。

同時，對於金融業者而言，本書也提供了競爭者間的分析比較，應該有助於業者精進自己的MA計畫，以爭取最優秀的人才。再者，對於其他產業有意發展MA計畫者，本書則提供了一個很好的起點，有助於其發展符合各自產業特色的MA計畫。

目次 contents

推薦序　**金融業MA最佳指南** 政大企管系教授　**樓永堅** ……… 3

自　序　**準備好進入MA的戰場** ……………………………………… 10

㊀　觀念篇

第*1*講　**MA是什麼？** ………………………………………………… 16
　　　　可以吃嗎？可以！還可以吃得滿飽的

第*2*講　**需求面：**
　　　　各家企業為什麼爭相推出MA招募計畫？ ……………… 18
　　　　外部因素：金融業前景看好，總經數據看俏
　　　　內部因素：組織人才發展策略需求

第*3*講　**供給面：**
　　　　為什麼MA成為畢業生的熱門求職目標？ ……………… 22
　　　　誘人的薪資福利
　　　　完整的學習計畫：工作輪調、專案指派、
　　　　　教練或師徒制、專業訓練

第*4*講　**MA究竟要找怎樣的人才？** ………………………………… 32
　　　　客觀條件：學歷、外語能力、證照、工作經驗
　　　　主觀條件：如何展現企圖心、抗壓性、高潛力

第*5*講　**MA究竟都在做些什麼工作？** ……………………………… 48
　　　　個人金融／法人金融／金融市場／投資銀行／經營管理

㊁　實戰篇

第*6*講　**如何豐富履歷以增加MA的錄取機會？** …………………… 66
　　　　參加校內外競賽
　　　　實習：學校合作計畫、企業實習計畫、第三方平台媒合、
　　　　　人力銀行、毛遂自薦、學長姊的人脈

金融證照：國內型必備、國際型加分

國際經驗：交換生、志工、競賽

社團經驗：看出未來潛力

獎學金：為學術能力背書

第7講 **MA外語能力都要很好嗎？** 78

在外商英文是必備的基本門檻

本土金控視業務內容而定

MA的英文門檻會越來越高

第8講 **MA要有專業背景才能被錄取嗎？** 82

研究所科系vs.大學科系

個人金融vs.法人金融

第9講 **MA招募計畫這麼多？我該如何選擇？** 84

薪資高低有別

公司文化大不同

外派機會

企業強項與職缺安排

公司賺錢嗎？

三 **生存篇**

第10講 **MA的壓力是不是都很大？** 100

被淘汰的壓力

放大鏡檢視的壓力

自我要求的壓力

同儕的比較壓力

升遷的壓力

第11講 **MA輪調的價值？** 108

強迫快速學習

目次 contents

人脈就是命脈

MA該有的高度

輪調找到真愛

第*12*講　**各家MA輪調及分發下單位的比較**⋯⋯⋯⋯⋯⋯⋯114

十二家MA分享實錄：花旗、匯豐、渣打、中信、台新、
富邦、國泰、萬泰（現凱基銀）、開發、玉山、一銀、
彰銀

第*13*講　**MA計畫中如何打考績？**⋯⋯⋯⋯⋯⋯⋯⋯⋯⋯124

各單位輪調成績

專案報告成績

人力資源單位評比成績

第*14*講　**分發下單位，天堂地獄一瞬間**⋯⋯⋯⋯⋯⋯⋯126

老闆是否愛你？

人資是否愛你？

第*15*講　**如何快速適應新單位、新業務？**⋯⋯⋯⋯⋯⋯130

建立MA學長姊的關係

找到關鍵人物

吃虧就是占便宜

第*16*講　**聽說MA工作很操？**⋯⋯⋯⋯⋯⋯⋯⋯⋯⋯⋯134

看運氣

MA外務就是多

四　**發展篇**

第*17*講　**MA升遷真的比較快嗎？**⋯⋯⋯⋯⋯⋯⋯⋯⋯⋯140

真的有起跑點優勢？

十二家MA分享實錄：花旗、匯豐、渣打、中信、台新、
富邦、國泰、萬泰（現凱基銀）、開發、玉山、一銀、
彰銀

畢業後看個人造化

第*18*講 **啟動外派人生** ⋯⋯⋯⋯⋯⋯⋯⋯⋯⋯⋯⋯⋯⋯ 150
　　　想外派可得看清楚
　　　十二家MA分享實錄：花旗、匯豐、渣打、中信、台新、
　　　　富邦、國泰、萬泰（現凱基）、開發、玉山、一銀、
　　　　彰銀

第*19*講 **成名代表作，打造個人品牌** ⋯⋯⋯⋯⋯⋯⋯⋯ 158
　　　重要！興趣與能力相符的領域
　　　個人品牌＝你的價值

五　　職涯篇

第*20*講 **加入MA就一帆風順？先把老闆變伯樂** ⋯⋯⋯ 162
　　　看看MA學長姊，想想你的未來
　　　自詡為千里馬，請跑給伯樂看

第*21*講 **MA不是唯一，還有更多好選擇** ⋯⋯⋯⋯⋯⋯ 168
　　　因不了解而進入，卻因了解而離開
　　　快速致富？光速升遷？
　　　尋找適合自己的職涯發展

第*22*講 **金融業MA是甜蜜的毒藥？** ⋯⋯⋯⋯⋯⋯⋯⋯ 174
　　　想清楚為何而來
　　　轉職門檻高

第*23*講 **為跳槽做好準備** ⋯⋯⋯⋯⋯⋯⋯⋯⋯⋯⋯⋯⋯ 176
　　　養成定期更新履歷的好習慣
　　　善用獵人頭：水能載舟，也能覆舟

附　錄　本國銀行國外分支機構一覽表 ⋯⋯⋯⋯⋯⋯⋯⋯ 179

自序 **準備好進入ＭＡ的戰場**

符合供需，創造需求

近年以來金融業ＭＡ已成為文組應屆畢業學生名列前茅的求職選擇，原因不外乎起薪高、福利好、受到公司重視等原因。供給端分析，應屆畢業生爭相爭取金融業ＭＡ的面試機會，據統計每年各大金控收到的ＭＡ履歷總計超過上萬封；需求端分析，各大金控也因為近年來各項業務發展蒸蒸日上，對人才需求急切，尤其當金管會亞洲盃計畫一聲令下，更需要有即戰力的生力軍加入，在供給端與需求端結合下，創造了近年來金融業ＭＡ的蓬勃發展。

ＭＡ計畫仍然有一層神祕面紗

然而，雖然求職者對ＭＡ計畫多抱有美好的憧憬，但大多數求職者對於金融業ＭＡ的實際工作內容、訓練過程與職涯發展卻充滿陌生的困惑。且自身經驗也發覺，許多優秀的人才在歷經重重考驗錄取後，卻發現金融業ＭＡ不是如自己所想像那般而黯然離開，導致企業與求職者浪費許多成本。

　　以上的困惑與誤會皆來自金融業MA計畫的神祕面紗，每年各家金融機構錄取的MA不過兩百餘位，仍屬就業市場的少數，資訊相對還不透明，過去我們只能聽著學長姊單方面的分享，以及網路上片段的資訊，拼湊出不知道是否正確的想像，如瞎子摸象般的戴著鋼盔向前衝，這職場的第一步踏得未免有點未知與恐懼。

　　為了解決這個問題，本書希望結合業界許多MA前輩的經驗，為大家揭開金融業MA的神祕面紗。雖不可能做到完全的資訊透明化，但至少可以讓大家更了解MA職涯進一步的樣貌。

訪問並整合眾多MA前輩經驗

　　本書蒐集金融業MA常見的問題，並透過訪問數十位MA前輩分享經驗，融會貫通整理而成，對常見問題一一解答，協助快速建立正確的觀念。透過訪問各金融機構MA前輩，以橫跨各部門及職涯各階段的面向，分享各家MA制度、工作型態等具有參考價值的職涯發展故事。希望讓有志於金融業的菁英們，能藉由更多的了解，少走一些冤枉路，或更篤定未來發展的志向。

本書架構以五大主題闡述：

一、觀念篇：建立MA的基本認識與了解，以及整體MA就業
　　　　　　市場的概況。

二、實戰篇：一旦決定要應徵MA，該做好哪些準備，讓自
　　　　　　己成為合格的應試者。

三、生存篇：真正錄取MA後，將面臨哪些生存挑戰，以及
　　　　　　該如何自處。

四、發展篇：MA計畫站穩腳步後，該如何在大組織中一步
　　　　　　步力爭上游。

五、職涯篇：實力與機會兼具時，跳槽、換單位、換老闆，
　　　　　　該如何選擇？

盡信書，不如無書

　　但是必須強調，許多金融機構的MA計畫每年會有些微
調整，加上各前輩分享經驗必然會添增自己的主觀判斷，
因此，內容沒有所謂百分之百的正確或絕對符合現況，所以
要小心判斷，請不要一股腦地全盤接受後，才發現自己誤解
了。當然，也歡迎各位讀者分享給我更正確的資訊，讓MA
市場更加透明，造福所有有興趣的朋友們。

分享，並創造力量

　　最後，非常感謝各位MA前輩的無私分享，融合這些精采的經驗，才能成就本書。這些本是各位職場菁英珍貴的資產，願意與讀者分享是非常不容易的，但也印證了願意分享的人，將因此更加豐富與富足。毫無疑問，如此正面的人格特質，也讓各位MA前輩在各個領域上皆有傑出的表現，這點絕對是所有讀者可以一起學習與效仿的。

　　如果這本書能對有志於此的求職者有所幫助，那就是筆者撰寫的初衷。祝福大家心想事成，勇往直前。

　　聯絡方式mabiblemaster@gmail.com

一 觀念篇

第*1*講　MA是什麼？

第*2*講　需求面：
　　　　各家企業為什麼爭相推出MA招募計畫？

第*3*講　供給面：
　　　　為什麼MA成為畢業生的熱門求職目標？

第*4*講　MA究竟要找怎樣的人才？

第*5*講　MA究竟都在做些什麼工作？

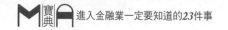
第1講　MA是什麼？

可以吃嗎？可以！還可以吃得滿飽的

　　MA是Management Associate 的縮寫，有些公司稱為MT（Management Trainee），中文通常稱為「儲備幹部」、「儲備主管」、「儲備菁英」、「管理培訓生」等，顧名思義MA計畫是希望藉由比較好的待遇和發展機會，精挑細選出雖然缺乏實務經驗，但擁有高度潛力的菁英，透過系統化的輪調、專案任務、師徒制指導等學習發展活動，期望快速成為管理職或關鍵職位。

　　台灣的金融機構中，最早的MA計畫據說是花旗銀行推出，至今已超過30年歷史，不僅是台灣金融業中最早，後來也成為各產業訓練儲備幹部人才的重要參考依據。

　　而金融業的MA計畫演化至今，不僅是企業爭取優秀人才的機會，更成為企業發展雇主品牌及營造企業雇主形象的重要管道，因此，現在每年都有超過十家以上的金融機構招募MA，大致可以分為以下三類（請見表一）。

表一　招募MA的金融機構

外商銀行	花旗銀行、匯豐銀行、渣打銀行、三菱東京日聯銀行
本土民營	中信金、富邦金、台新金、國泰金、永豐金、元大金、開發金、玉山金、大眾銀、新光金、遠東銀、萬泰銀（現凱基銀）、凱基證券、中租控股
泛官股	兆豐銀行、第一銀行、合作金庫、華南銀行、彰化銀行

MA市場蓬勃發展

　　以上超過20家的金融機構均有MA招募計畫，當然各家MA計畫截然不同，以每家金融機構所需MA約10～20人來估計，一年所需MA相關職缺就有200～300人以上。尤其近年來金融業獲利屢創新高，加上海外業務逐漸興盛，對於人才的需求肯定更加需求若渴，這股MA的招募熱潮相信在未來會持續蓬勃發展，因此對MA有興趣的求職者不妨及早準備，以搭上這班潛力無限的職場特快車。

第*2*講　需求面

各家企業為什麼爭相推出MA招募計畫？

可分為外部與內部因素來看：

一、外部因素：金融業前景看好，總體經濟數據看俏

由圖一至圖三可看出，各種經濟數據包括金融業產值占GDP比重、整體獲利、OBU（Offshore Banking Unit, 國際金融業務分行）及海外分支機構占全行獲利比重等，金融業最近五年和預估未來五年都會是屢創新高。可看出金融業絕對是未來持續火熱的行業之一，隨著業績的蓬勃發展與海外業務持續擴張，當然就需要更多的優秀人才加入。連金管會主委曾銘宗都說：希望各家金融機構向下扎根培養優秀人才，透過專才替各自的金融機構打亞洲盃，屆時擴展市場後，金融人才的待遇必須更好，才留得住人才。

目前台灣在優秀人才有限下，MA的徵才大戰每年越趨激烈也就不難想像了。

圖一　金融業產值占GDP比重預測

參考資料（2014）：金融研訓院、主計處

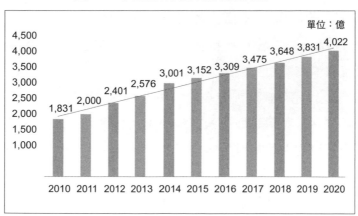

圖二　本國銀行獲利狀況預測

參考資料（2014）：金融研訓院、中央銀行

圖三　OBU及海外獲利比重預測

參考資料（2014）：金融研訓院、中央銀行

二、內部因素：組織人才發展策略需求

MA計畫目標在挑選並養成未來的領袖，之所以鎖定年輕且具備高潛力的候選人原因在於：

1. 以完整教育訓練規畫、快速升遷、高起薪、高職稱為招募條件，希望錄取高素質和高潛力的人才，來增強組織或某個領域的人才吸引力。

2. 從組織外部尋找雖缺乏實務經驗但潛力無窮的候選人，用準確的篩選機制和系統化的學習設計，以滿足組織內部人才庫的質和量需求。

3. 以缺乏社會實務經驗的人才為目標，希望從頭培養出符合公司文化與核心價值，且沒有過多包袱或尚未接受到職場惡習汙染的未來領袖。

第*3*講　供給面

為什麼MA成為畢業生的熱門求職目標？

　　金融業MA之所以成為畢業生熱門的工作選擇，原因不外乎薪資福利好，受到公司的特別重視，還能享有更多的學習資源。

一、薪資福利

　　各家MA薪資雖然不盡相同，但大致來說，第一年年薪包括年終獎金，大部分會落在新台幣70萬～100萬之間（第一年因為剛進去半年就領年終獎金，計算期間約7月至12月，按照比例年終獎金只能領50%）。沒錯，這範圍未免有點大，但是，因為外商銀行、本土民營、泛官股的薪資結構都不一樣（見表二），包括每月本薪、額外加給、年終獎金、個人績效等差異，因此會有這樣的範圍出現。

　　到了第二年，如果考核績效不錯，應該就有機會領破百萬的年薪。而邁向第三年，MA計畫大多已經畢業結束，則看個人的造化，基本盤可能每年年薪有5萬～10萬的增幅，如果獲得升遷則會有更快速的增幅。

職場上，雖然也有不少比金融業MA起薪還高的職缺，但多屬工程師、醫生、律師、機師等菁英族群，文組及商學院學生較難有機會，金融業MA便成為快速獲得年薪百萬的捷徑了。尤其近年台灣職場又深陷22K悲觀氛圍下，據勞動部2014年所做調查顯示，2013年整體新鮮人起薪僅2萬5,175元，其中大學畢業生起薪2萬6,915元，比起14年前首次調查還縮水547元，令人不勝唏噓！因此，能夠快速達成年薪百萬的MA職缺，當然令新鮮人趨之若鶩。

表二　MA年薪範圍

各銀行	首年年薪（NT$萬）	第二年年薪（NT$萬）	第二年之後
外商銀行	80～100	90～110	是否加薪、升遷，看個人造化
本土民營	70～90	80～110	
泛官股	60～80	70～100	

參考資料（2014）：訪問整理

此外，福利方面MA也享有特別的優待，一般新進銀行員工，依勞基法第一年並無特休假，但多數MA計畫會讓新進MA在入行的第一年即可享有特休假，這也是特別福利的一種展現。

過來人怎麼說

月薪：外商銀行＞本土民營＞泛官股

大致來說，外商銀行給的月薪起薪會高於本土民營及官股，約有60k～70k的水準。而本土民營一級戰區如中信、富邦、國泰、台新月薪起薪會落在55k～60k左右，其餘民營也至少有50k～55k，當然薪資組成有些公司會包括行員存款、誤餐費、MA加給等名目。而泛官股加計上述名目後，也至少有45k以上。

表三　MA月薪範圍

各銀行	月薪起薪（NT$）	範例
外商銀行	60-70k	花旗、渣打等
本土民營	55-60k	中信、台新、國泰、富邦等
泛官股	45-55k	第一、彰銀等

參考資料：訪問整理（2014）

注意！本土金控的年終爆發力

然而，外商銀行雖然月薪起薪高，但以整年年薪計算卻不一定占絕對優勢，因為本土銀行的年終獎金爆發力可能更強。例如：中信保障整年至少16個月，台新保障14個月，相較某些外商的保障13個月，本土銀行的優勢就浮現了。

另外，根據國泰MA Mr.M表示，國泰年終獎金在業界非常有競爭力，曾有MA表現非常好，考核績效名列前茅，一年換算下來，整年領將近超過20個月，首年年薪就可以突破百萬，可能連外商銀行都望塵莫及。

二、完整的學習計畫

受到公司重視除了表現在薪資福利外，投入眾多資源的完整學習計畫，更能看出公司對MA的看重。

MA計畫的在職訓練通常包括：工作輪調、專案指派、教練或師徒制，以及專業技能的訓練。

① 工作輪調（Job Rotation）

金融業業務博大精深，又多又廣，輪調的最大意義在於讓學習力很強的MA們，能夠以較宏觀的角度，快速了解整個組織的分工運作，並且培養在各單位的人脈，有利於未來從事跨單位專案順利進行，對有志於未來走向高階管理人來說，是相當有幫助的學習設計。

深度與廣度

工作輪調可從深度與廣度兩個面向來看，深度是指時間長短，短期則一兩週，中期則一季三個月，長期則一年；廣度則指業務內容廣度，有些輪調只在事業處輪調，有些在事業群下輪調（例如，個人金融事業群、法人金融事業群），有些甚至在跨子公司輪調。深度與廣度會依各公司政策與文化有所不同。

表四　輪調的深度與廣度

	時間長度	學習目標
深度	短期：一兩週	業務流程、組織職掌
	中期：一季三個月	短期專案貢獻、體驗單位文化
	長期：一年	熟悉單位核心業務、貢獻績效
	業務內容範圍	舉例
廣度	小：事業處	電子金融處、通路管理處
	中：事業群	個金事業群、法金事業群
	大：跨子公司及幕僚單位	總經理室、證券、保險

② 專案指派（Project Assignment）

專案指派通常是工作輪調期間的主要任務，也是評核該輪調期間表現的重要依據。

專案指派常是分析該單位尚未被解決的問題，發現問題後，提出解決的執行方案；或是發現該業務領域的新機會。之所以被賦予這種性質的專案，是因為MA通常被要求的學歷水準較高，單位主管也大多認為MA應該具有良好的本職學能與理論基礎，加上新進MA許多都是社會新鮮人，因此MA常被賦予以客觀第三人，或尚未被框架綁住的白紙角色，為單位帶來一些新氣象。

這些專案在輪調期間結束前，大多須製作一份結案報告，向中高階主管呈報，就像是這段期間在該單位的成果發表，這份報告的成績會影響未來單位的分發及年終績效的發放，因此大家都會卯足全力呈現最好的成果。

③ 教練（Coaching）或師徒制（Mentoring）

與高階主管近距離接觸

這裡指的教練、師徒制，和人力資源學理上定義的有點差距，不一定是那麼嚴謹的規畫，而是指MA有機會和金控高階主管（例如董事長、總經理）等接觸交流的機會，可能是固定的餐敘時間、讀書會或其他任何形式的聚會，透過這

些機會讓高階主管關心MA的工作近況，並適時給予建議與指導。這些高階主管都是一秒鐘約幾十萬收入的大忙人，一般員工很難有機會直接面對面接受他們的指導，這些寶貴經驗的傳承與引導式的啟發，都是無價之寶。能挖到多少寶藏，端視個人的態度與求知欲。

做中學的師傅幫助最大

除了高階主管，到各單位輪調時，通常也會安排一位前輩作為師傅，也就是引領門外漢進門的老師，雖然這些師傅不如高階主管德高望重，但給予的協助往往更詳盡、更即時。透過OJT在職訓練（On the Job Training），隨時隨地都有人協助，這往往是一名菜鳥MA是否可以快速融入部門文化與上手業務內容的關鍵，「好的師傅帶你上天堂，壞的師傅帶你住套房」，切記！切記！

④ **專業技能的訓練**

（1）入職新生訓練

多數MA計畫在on board的第一天即會開始新生訓練。期間為一個星期到一個月都有，甚至集體到外部訓練中心進行團體生活的集訓，例如台新、中信等，集訓課程不外乎公司文化、MA計畫、公司組織架構、簡報技巧、金融業禮儀、金融專業知識、團隊建立等。這段期間甚至要進行團隊分組

競賽,在短時間內根據指定主題做出訓練結案報告,直接向高階主管發表,考驗新進MA的創新、合作、抗壓、簡報及邏輯等能力,相當刺激。

（2）專業知識

一個健全的MA計畫,一定會在培訓期間安排大量的專業知識課程,當然會依據所屬的事業單位而有所不同,例如:個人金融、法人金融、財富管理、證券、保險、風險管理、資本市場、經營管理等。不同事業處的MA上的課程也不盡相同,不過基本上銀行核心的績效管理、授信、稽核、內控、專案管理、資料分析、企業社會責任、作業風險、信用風險、金融法規、營運績效管理、資訊安全等基礎課程一定免不了,不論在哪個事業處,這些都是金融從業人員必須具備的常識。

（3）海外培訓

海外培訓主要以外商MA機會較多,例如:匯豐銀行的年輕銀行家MT（Management Trainee）計畫,通常會安排到香港進行短暫培訓,以及到匯豐海外相關部門進行數個月輪調;星展銀行也會將新進MA派到新加坡總部進行訓練;花旗銀行也會視需要到新加坡、香港進行訓練。本土金控如富邦金、國泰金也會將MA短期派到香港進行特訓。這些海外培訓不外乎讓新進儲備幹部能迅速適應新環境,接受與外國

MA同事競爭的刺激，並且考驗和跨國同事一起完成任務的能力，同時也是建立海外人脈的好機會。

 過來人怎麼說

　　海外培訓計畫可看出公司對MA在國際化上的投資，渣打IG（International Graduate，渣打的MA計畫）Mr.W 分享指出，渣打的IG Programme每年都會安排到海外進行培訓，曾去過馬來西亞、新加坡、杜拜等地，進行約兩週的課程，與會成員包括渣打各國的IG Programme菁英，來自世界各地包括亞洲、中東、非洲等，有中國、新加坡、印度、巴基斯坦、阿拉伯聯合大公國、坦尚尼亞、辛巴威、烏干達等各國IG齊聚一堂，能同時跟這麼多國家的MA一起學習、一起討論，是非常非常特別的經驗，同時也建立了海外的人脈。

跨國的情誼

往後雖各自回到自己的國家工作，但不論在工作上或生活上，都還能繼續保持聯絡，例如新加坡的IG來台灣旅遊時，台灣IG一定會義不容辭當最稱職的專業導遊。在工作上也會和跨國的IG夥伴進行交流和討論，例如曾和來自非洲辛巴威的同事分享台灣如何經營臉書社群的經驗。這些都是海外培訓所帶來的價值，在往後不論工作上或生活上，都能帶來更多的養分和刺激。

第4講 MA究竟要找怎樣的人才？

從各官網的招募條件即可略知一二

MA被定義為各家金融機構的儲備菁英，當然也代表著需要特別優秀的條件，要了解各家金融機構徵才的條件，最簡單的方式就是去看各家公告發出的招募條件，在各家金融機構官網招募人才專區中都可以找到，或是在Google敲上關鍵字「2015 XXXX MA」也應該能找到。

MA求職戰爭每年年底正式開打

不過要注意，每年的招募條件都可能進行微調，所以記得一定要找到最新年度資料。外商銀行MA招募計畫通常起跑的比較快，在每年年底11月、12月就會公布職缺、甄選條件和流程，例如花旗、匯豐、渣打、星展等，這也意味著履歷、面試在每年6月、7月就要開始準備，早一點準備就可以多一分勝算。而本土金控多在每年年初的1月到3月公布職缺、甄選條件和流程，有心應徵的求職者，一定要儘早準備。

表五　MA招募時程

各銀行	招募開始時程	範例
外商銀行	每年年底11~12月	花旗、匯豐、渣打、星展
本土金控	每年年初1~3月	中信、台新、富邦

以下整理各家金融機構MA的招募條件：

一.客觀條件

1 學歷

基本上高達70%以上的MA計畫都需要研究所以上的學歷才能申請，但還是有中信、元大、中租、花旗、匯豐、渣打等開放大學學歷申請，所以你說MA是個高學歷門檻的工作？ 答案很殘酷：是的！而且通常大學學歷能錄取，都是學經歷極優秀的菁英，所以MA的確是個高學歷門檻的工作，因此值得高起薪的待遇。

但是，如果只有大學學歷怎麼辦？

（1）應徵不限定研究所學歷的MA計畫。

（2）準備考取研究所。

可以想見，要與一群研究所的菁英競爭，勢必要非常優秀才有機會，建議可以在大學時代即早準備，主要可透過校內外競賽、實習、金融證照等來加強自己的競爭力，後面章節會詳細說明。

② 外語能力

幾乎全部的MA計畫都要求一定程度的語言能力，絕大部分是英文，少數如第一金控、兆豐金控要求日文，甚至西班牙文、法文。而英文大多數都要求多益成績750分的最低門檻（如38頁表六所示），有志於MA的求職者們，一定要趁著在學校期間加強各種外語能力，並且分數越高越好。

 過來人怎麼說

中信MA Ms. N 表示，其實對外語能力沒那麼有信心的人也不必自己嚇自己。進到銀行後，除了在外商銀行，本土銀行視不同單位而定，大部分業務是不會用到英文的，只有少數時間需要用到英文閱讀能力，甚至有時候在分行，台語比英文還重要。因此外語能力只是個門檻，只要盡力在英文檢定上通過門檻就好，不必擔心因為英文不好而無法勝任銀行工作，多益真的沒那麼難，希望對英文沒信心的人也能準備充足，勇敢挑戰MA。

③ 證照

　　金融業是個高度管制的產業，因此許多業務根據法令規定，必須持有相關證照才能執行該項業務，所以在金融業工作，證照當然是免不了的。而在應徵MA階段，證照通常是加分項目。不會是強制項目。但是一旦錄取了，許多MA計畫會要求在一定時間內，考取規定的證照。

　　雖然在面試時，證照不是強制項目，但如果在學生時代已決定要走金融行業，建議可以考取一些基本的金融證照，例如信託、銀行內控、壽險、產險、證券商業務員等，等於是告訴面試官你已經準備好了，具有加入金融業的企圖心，絕對是加分項目。

 過來人怎麼說

　　部分MA計畫在錄取後，會規定MA須在一定時間內，考取規定的特定證照。台新MA Mr.H 分享，台新個人金融事業群MA須在第一年考取八張指定的證照，並且列為通過第一年MA考核的標準之一，但法人金融事業群MA計畫則無此規定，因為這些證照多與個人金融所面對的消費者相關，八張證照包括：銀行內部控制與內部稽核、信託業業務人員、結構型產品、投資型保險、財產保險業務員、人身保險業務

員、人身保險業務員銷售外幣收付非投資型保險、金融市場常識與職業道德，當考取證照後，公司就會補助報考費用。

國內證照考試不難，但須花時間用心準備

這些由國內證基會、金融研訓院、保險公會主辦的考試其實都不難，相較過去在研究所、大學的相關課程，還算是比較簡單的，大多為短時間背誦記憶的題型，當然也包括結構型產品考試、投資型保險考試有出計算題的題型，是必須充分理解後才能順利作答。

大致上，都是準備兩個星期左右就能通過的考試，因此不必特別去上課，各自利用下班時間自修準備。但老實說，上了一天班已經很累，下班還要K書準備考試很惱人，所以建議確定要走金融業的求職者們，還是儘早在求學期間完成這些證照考試，既能讓面試官感受到你的充分準備，也能減輕上班後的一些負擔。

④ 工作經驗

多數MA計畫要的都是畢業兩年內的新鮮人，主要是想從頭培養起，過長的工作經驗反而會降低學習的可塑性。因此，應屆畢業的新鮮人資格是沒問題的，但少數如中信、富

邦、國泰、元大、花旗等會將兩年內的工作經驗視為加分，主要是因為這樣的應徵者具有相關經驗，未來工作上比較快上手，且同時還保有新人般可塑性的優點。

二、主觀條件

這裡指的主觀條件，大多數是軟實力的體現，包括強烈的企圖心，高度的抗壓能力，注重團隊精神，以及積極的工作態度。這是每項MA計畫一定都會要求的條件，之所以給MA那麼好的薪水、福利，就是希望MA能快速成為獨當一面的領導者，未來幫企業創造更大的效益。

豐富的經歷就能表現你的軟實力條件

那你可能會問，面試官怎麼看出應試者具備企圖心、抗壓性、積極等軟實力呢？其實透過履歷的學經歷，面試的問答、團體評鑑中心的互動，只要經驗豐富的面試官，大致上都可以判斷出是否具備這些條件。

此外，客觀條件上儘量豐富自己在履歷裡學歷、語言、證照、工作經驗、實習、社團經驗、校內外競賽、交換學生等，其實也是在替自己的軟實力背書，說服面試官我一定是具備了積極的企圖心與抗壓性，才能完成這麼精采的履歷。

表六　各MA招募條件比較

| | 客觀條件（硬實力） | | | | | | 主觀條件（軟實力） | | | |
| | 學歷 | | 語文能力 | | 證照加分 | 工作經驗加分 | 強烈企圖心 | 高度抗壓性 | 團隊精神 | 積極態度 |
	研究所以上	大學以上	英語	其他外語						
中信金控		✓	✓			✓	✓	✓	✓	✓
台新金控	✓		✓多益750				✓	✓	✓	✓
富邦金控	✓		✓			✓	✓			✓
國泰金控	✓		✓多益750		✓	✓			✓	✓
元大金控		✓	✓多益750		✓	✓	✓	✓		✓
玉山金控	✓		✓				✓	✓	✓	
開發金控	✓		✓				✓	✓		
永豐金控	✓		✓多益750				✓			✓
新光金控	✓		✓多益750				✓	✓	✓	
遠東銀行	✓		✓					✓	✓	✓
萬泰銀行	✓		✓多益785					✓	✓	✓

	客觀條件（硬實力）						主觀條件（軟實力）			
	學歷		語文能力		證照加分	工作經驗加分	強烈企圖心	高度抗壓性	團隊精神	積極態度
	研究所以上	大學以上	英語	其他外語						
大眾銀行	✓		✓				✓	✓	✓	
凱基證券	✓		✓				✓	✓		✓
中租迪和		✓	✓多益750		✓	✓	✓			✓
花旗銀行		✓	✓			✓	✓			✓
匯豐銀行		✓	✓				✓			✓
渣打銀行	✓									
星展銀行		✓	✓				✓			✓
合作金庫	✓		✓多益750							
第一金控	✓		✓多益880	✓			✓	✓	✓	
兆豐金控	✓		✓多益800	✓		✓				
華南金控	✓		✓							

*此表為2014年資訊，2015年最新資訊，請詳見各MA招募網站。

表七 各MA計畫招募條件列表

金融機構	條　件
中信金控	・自我期許高，具有強烈成就動機 ・擁有高度彈性與抗壓性 ・願意融入團隊，能與團隊成員合作達成任務 ・具備國際視野，中英文溝通流利，國籍不限 ・國內外大學學士（含）以上畢業（含應屆、科系不拘） ・具兩年（含）以下工作經驗者佳
台新金控	・碩士以上，不限科系 ・中英文流利（TOEIC750以上同等能力） ・具備誠信、承諾、創新、合作的特質與價值觀 ・具備積極學習能力 ・具備強烈企圖心 ・態度正向且有高度抗壓性
富邦金控	・研究所以上學歷，科系不限 ・工作經驗不限，具2年以下工作經驗者尤佳 ・主動積極，勇於承擔責任 ・強烈企圖心，展現自信與熱情 ・具創新精神，樂於接受挑戰與解決問題 ・具良好溝通表達能力

金融機構	條　件
國泰金控	・個性主動積極、高度服務熱忱、可接受外派者佳 ・願與團隊合作、具良好溝通能力 ・擅長邏輯分析、具創新理念及組織能力 ・商管或金融相關研究所畢業，具同業經驗者尤佳 ・TOEIC750、全民英檢中高級以上、相關英檢資格 ・具信託、壽險、產險、銀行內控、投資商品、期貨信託、結構商品、外匯、證照尤佳
元大金控	・大學以上學歷，科系不限。應屆畢業或2年以下工作經驗 ・具市場及財經敏感度、邏輯清晰、具強烈企圖心、溝通及學習力強、勇於接受高壓挑戰，期許成為金融業領導者 ・英文說寫流利，TOEIC750分以上優先（或TOEFL/IELTS/英檢之同級水準） ・具證券業務員/高級業務員、期貨業務員或銀行內稽內控資格者為佳。具CFA或CFP者優先
玉山金控	・國內外一流研究所畢業 ・具流利中英文表達能力 ・具高度抗壓性、儲備幹部潛質 ・重視團隊、工作熱情、責任感、挑戰自我 ・問題分析解決能力
開發金控	・國內外知名學府研究所畢業（歡迎具財金、商學及理工、生醫背景） ・中英文文字及口語表達能力俱佳 ・願意不斷挑戰自我，具高度事業企圖心者

金融機構	條　　件
永豐金控	・熱情、企圖心、積極性 ・知名研究所畢、不限科系 ・TOEIC750分（GEPT中高級/TOEFL-ITP 527以上/TOEFL-CBT 213以上/TOEFL-iBT 71以上/ IELTS 5.5以上）
新光金控	・研究所以上畢業（歡迎應屆畢業生加入） ・中英文表達能力俱佳（TOEIC 750分以上，或同等能力證明） ・積極主動，具強烈成就動機 ・可掌握客戶需求，建立雙贏夥伴關係 ・具敏銳觀察力，能掌握環境趨勢 ・善於溝通，能與團隊合作創造績效 ・協調力佳，抗壓力及耐受性強
遠東銀行	・碩士以上的學歷、具工作經驗尤佳 ・中英文表達流利、擅於組織與分析 ・領導及合作精神、抗壓性與創造力 ・初生之犢不畏虎的積極態度與活力
萬泰銀行（現凱基銀行）	・國內外研究所畢業之優秀菁英 ・英語聽說讀寫流利（TOEIC 785分以上或其他同等測驗成績） ・創新思維、樂於接受挑戰、主動積極、良好溝通協調能力、團隊合作、問題分析解決能力、領導能力
大眾銀行	・國內外知名研究所畢業（含應屆、科系不拘） ・自我期許高，具備強烈成就動機 ・擁有高度彈性與抗壓性 ・願意融入團隊，能與團隊成員合作達成任務，具備國際視野

金融機構	條　件
凱基證券	・國內外商學、財金、金融等相關科系研究所畢，有志朝證券業發展者 ・具國際視野，創新積極，追求卓越，勇於接受挑戰 ・具備高度抗壓力，溝通協調與分析能力，且中英文說寫流利
中租迪和	・願意接受業務工作挑戰，且具派外生涯規畫者（中國大陸、越南、泰國、俄羅斯） ・學士以上學歷，不限科系 ・歡迎社會新鮮人投遞，工作經驗3年內者尤佳 ・中、英文流利，具備東協國家語言者佳，近2年多益成績750分（含）以上或其他英語檢測成績證明（TOEFL、IELTS、全民英檢等）。具備英語系國家之學士（含）以上學歷，可免附證明 ・具備金融相關證照者佳。CFA、FRM、授信人員、證券商高級業務員、保險業務員等
花旗銀行	・Undergraduate and/or post graduate degree ・Fluency in English & Mandarin ・1 ~ 2 years working experience is a plus ・High standard of integrity ・Global mindset ・High personal standard ・Intellectual capacity ・Passion for excellence and result orientation ・Demonstrated leadership potential
匯豐銀行	・大學以上、系所不拘 ・積極主動、熱愛挑戰、追求卓越

金融機構	條　　件
渣打銀行	・An undergraduate degree ・The legal right to work in the country that you are applying to ・Business level English（the ability to speak more than one language will be highly regarded）
星展銀行	・Possess a minimal of 2nd upper honours degree or a Masters degree from a reputable university ・Have no more than 2 years of work experience ・Strong track record of leadership experience, exhibit impressive analytical and communication skills, and possess strong ethics and values
合作金庫	・國內、外研究所畢業，且已取得碩士以上學位證書 ・英語程度通過下列任一語言測驗標準： （1）全民英檢（GEPT）中高級複試檢定合格 （2）托福（IBT）達71分或（CBT）197分 （3）多益（TOEIC）達750分 （4）劍橋博思電腦職場英語檢測（BULATS）ALTE Level 3以上 （5）IELTS國際英語測試5.5 （6）外語能力測驗（FLPT）筆試達240分、面試達S～2+

金融機構	條　件
第一金控	・國內、外碩士（含以上學位） ・具一般社交及工作場合英語溝通能力，語言程度通過下列任一語言測驗標準： （1）TOEIC（多益）880分 （2）TOEFL（托福）iBT83分 （3）IELTS（雅思）測試成績6.5 （4）FLPT（外語能力測驗）筆試240分；口説S-2+ （5）JLPT（日本語能力測驗）1級或N1級 ・具企圖心、抗壓性強、善溝通協調、團隊合作、創新思維
兆豐金控	・學歷：須國內、外財經相關研究所畢業 ・工作經歷：須具二年以上銀行相關工作經驗 ・外語能力：須符合以下二種條件之一者 （1）西語、法語、日語等任一外語聽、説、讀、寫俱佳，英語能力須達相當TOEIC 700分以上之程度 （2）英語能力須達相當TOEIC 800分以上之程度
華南金控	・學歷： 國內、外商學、管理相關研究所畢業，且取得碩士學位證書 ・語言能力：英語程度通過下列任一語言測驗標準： （1）全民英檢 （GEPT） 中高級初試檢定合格 （2）多益 （TOEIC） 達 750 分 （3）劍橋博思電腦職場英語檢測 （BULATS） ALTE Level 3以上 （4）托福 （IBT） 達 71 分或（ITP）達543分（含）以上 （5） IELTS 國際英語測試 5.5 （6）外語能力測驗 （FLPT） 筆試達 240 分、口試達S -2+ （7）企業英檢（GEPT Pro）專業級

※此表為2014年資訊，2015年最新招募條件，詳見各MA招募網站。

MA就是無所不能

請問貴公司MA徵才條件？

〔腦闆〕
1. 國內外研究所以上畢業
2. 中英文流利
3. 勇於挑戰，強烈企圖心
4. 創新、分析與邏輯能力
5. 最好每天工作25小時

菜比巴MA：
這根本是超人！

〔腦闆〕
對，我們就是要
金融業的超人！

第5講　MA究竟都在做些什麼工作？

以個人金融與法人金融最常見

各家MA的工作職缺有所不同，而從職缺也可以大致看出該金融機構的主力獲利業務是哪些單位，或哪些單位急需人才。目前大多數MA計畫所招募的工作領域，傳統上可分為個人金融（以下簡稱個金）與法人金融（以下簡稱法金）兩大區塊，幾乎各家都有招募個金與法金事業群的MA。

當然依據各金融機構組織架構的不同，也會有許多其他類別的職缺，常見的包括：財富管理、經營管理、金融市場、證券市場等類別，詳見60頁表十列表顯示。

以下就常見的幾個職缺，說明大致的工作內容，有興趣的應試者，可以先了解究竟是不是符合自己的興趣。

一、個人金融事業群

也可稱為消費金融。主要是面對終端消費者。個人金融的產品包括：

1. 貸款型產品，例如：車貸、房貸、信用貸款等。
2. 財富管理產品，例如：基金、保險、結構型商品、優
   利存款等。
3. 支付型產品，例如：信用卡、繳費平台、第三方支
   付、行動支付等。

擔任的角色

　　MA在個金事業群的工作多以專案企畫、風險分析、銷
售業務為主，不外乎是以服務終端消費者為核心的相關工
作。因此從後台的分析，包括：客戶信用分析、客戶資產分
析、客戶消費行為分析等，再到中台的行銷專案規畫，如何
幫助商品更容易銷售，最後到前台面對客戶的銷售。個金業
務可以說包羅萬象，必須細心＋耐心，一針一線地編織才
能造就縝密如網的商業模式。MA能透過輪調快速了解前、
中、後台的工作內容，是最大的優勢。

表八　個金事業群的工作內容

	職　掌
產品企畫	規畫產品定價、宣傳、通路、成本效益
專案管理	在一定時間、一定預算、完成一定任務者，都算是專案
前線業務	銷售基金、保險、信用卡、貸款等給消費者
授信管理	制定授信風險政策、分析授信資產品質
客戶關係管理	分析消費者行為、客群分析、獲利績效追蹤

需要的能力和特質

① 溝通能力

個人金融業務常常必須與跨單位或外部廠商之間的合作，單打獨鬥無法完成任務，因此良好的溝通能力絕對是必備的。

② 企畫能力

不論是產品PM或專案PM都經常有提案的機會，在提案企畫中必須充分表現分析現況的能力以及解決問題的能力。當然創新的思維，更是加分的項目。

③ 業務能力

面對終端消費者銷售個金產品的能力。產品不外乎理財產品的基金、保險，貸款型的信用貸款、汽車貸款、房屋貸款，以及信用卡產品。相對於專業能力，軟實力；包括毅力、成就動機、溝通能力，反而更為關鍵。

④ 統計數理能力

在授信管理與客戶關係管理領域，統計數理能力就是關鍵能力，包括使用SAS、SQL等統計軟體去分析龐大的客戶資料，解讀出重要的決策資訊，其實就是現在很火熱的「Big Data」（大數據）的一種體現。要做的好，統計、數理邏輯的基本功會是關鍵。

過來人怎麼說

MA的一日生活

台新MA Ms. K分享，早上包括製作例行報表，更新營運數據給老闆看，並就內容討論與檢討；除了例行業務，也常要絞盡腦汁想出創新的提案，於是包括資料蒐集、競品分析、效益預估等基本功是經常要做的，例如，如何把財富管理客戶在本行的資產持續進行投資。

　　而下午則可能與外部合作夥伴進行開會，在個金會有許多異業合作的機會，這也是比較有趣的部分，有機會認識很多其他行業的朋友，而如何透過合作替雙方帶來新的客戶則是一大重點。

　　下班後，偶爾要參加基金公司在高級飯店舉辦的投資趨勢分析說明會，有吃有喝當然是希望我們公司多推薦、多賣一點他們的基金，這也算是一種公司福利。在個金的生活是滿多元、多采多姿的。

二、法人金融事業群

　　也可稱為企業金融，主要業務為服務法人機構，大至跨國企業、政府機構，小至中小企業都是服務的對象。業務內容包括：商業借貸、國際貿易、避險交易、企業財務管理、企業金融產品設計規畫、資金調度規畫、信用風險管理、企業籌資、進出口外匯等。重點就是成為法人客戶信賴的財務顧問，滿足他們所有財務金融的需求。

擔任的角色

　　MA在法金領域經常從業務助理的角色開始，也就是客戶關係經理助理（ARM, Assistant Relationship Manager），

協助RM（Relationship Manager, 客戶關係經理）處理舉凡徵信報告、文件流程、撥款、複審追蹤等業務內容，原則上比較偏內勤。必須和徵信、授信、審查、產品規畫的同事緊密合作。

　　而多數ARM都想在幾年的歷練後，成為獨當一面的RM。成為RM更重要的是業務能力與談判技巧，能夠帶進業績，為公司創造更多獲利，才是RM最大的價值。

需要的能力與特質

　　基本上RM與ARM所需的核心能力與特質稍有差異，RM最重要的還是業務能力，建立和客戶的良好關係，為公司帶來源源不絕的獲利。相較下，ARM練功期更須重視財務、會計等本質學能的精進，同時，謹慎細心、準備好所有的備援，更是扮演好RM好幫手的重要條件。

表九　法人金融業務所需的能力與特質

	能力與特質
RM	業務能力、積極態度、談判技巧、交際溝通能力、財務、會計分析
ARM	邏輯性佳、謹慎細心、財務與會計基本功

過來人怎麼說

MA的一日生活

　　國泰G MA Mr.A分享，通常早上會處理客戶的問題，包括客戶有新的金融服務需求或相關商品詢問。下午有空則會拜訪客戶，進行實地勘查，以開發新的業務機會，回到辦公室則須撰寫相關徵信報告，及拜訪後的例行文書作業。而晚上，偶爾必須應酬參加與客戶的聚會，結束充實的一天。

　　在法金有很多認識各個產業的機會，不僅可以了解該產業的專業知識，也能認識該產業的一些重要人物，好好把握對未來的人脈會很有幫助。

三、金融市場事業群

　　有些人稱為資本市場，也就是大家常聽到的交易室（Dealing Room），以外匯、利率、債券、股票及其相關的衍生性金融商品交易為主要業務，另包括國內外衍生性金融商品的研發與業務開發，以提供給法人金融客戶完善且高品質的金融交易服務。

　　除了Sales外（台灣市場俗稱TMU, Treasury Marketing Unit），交易室中還有Trader和Product Manager（PM）兩大

功能。同時，交易室往往還須負責整家銀行的資金調度和貨幣市場投資。

熱鬧的金融菜市場

其實TMU也屬於法人金融整體服務的一環，上述的RM、ARM先在前端接觸法人客戶，了解他們的財務需求後，當客戶想要購買金融商品時，就由TMU負責協助提供產品的包裝與詢價。所以也有人說TMU很像一個金融菜市場，在裡面向Trader喊價利率、匯率、天期等等條件，就為了幫客戶包裝出一個最有利於客戶的商品，但大多數是最有利於「業績」的商品，就像在菜市場裡大聲叫賣青菜、蘿蔔、蒜頭，然後再將青菜、蘿蔔混合包裝成一個客戶所需要的金融商品。

需要的能力與特質

TMU必須具備金融市場、衍生性金融商品等商品專業知識，但也未必一定要相關科系（如財金、金融系所）等背景才能勝任，最重要的特質是「對數字要非常敏感」，因為一秒鐘幾十萬上下的金融市場瞬息萬變，要對數字敏感才能在不斷變化的市場行情下，即時提供給客戶最好的商品。

另外，與客戶的溝通能力也很重要，這份工作必須隨時

準備好市場動態，客戶可能隨時打電話給你，如何跟客戶有良好的互動，甚至協助處理客戶的生活大小事也是一門學問。

至於語言能力，雖然書信來往、看報告多須使用英文，但如果服務台商客戶，口語上國語、台語即可應付。而如果在香港或新加坡則有機會遇到外籍客戶，就須以英文溝通。

 過來人怎麼說

MA的一日生活

中信MA Mr.L分享，早上開晨會，更新市場動態，接著擬定今天市場的策略，接著檢視主要客戶手上的部位，有需要則聯繫客戶進行拜訪，並撰寫提案（proposal）給客戶新的建議。由於市場每天都在改變，因此每天行程也都不一樣。而晚上則跟比較熟的客戶應酬，一起去聽演唱會，這也算是一種周到的客戶服務吧！

四、投資銀行事業群

主要業務內容包括國內企業上市櫃掛牌的輔導，或是國外企業來台掛牌上市櫃、創業投資資金與策略性經營資金的

導入，或是企業的籌資規畫、合併、重整、分割、收購等專業的協助。

其中主要業務之一是「承銷」，包括前端的爭取企業客戶，以及後端確定取得客戶後的上市櫃輔導、與主管機關申請。而不論是投資銀行的券商或是創業投資，很重要的工作即是「盡職調查」（Due diligence），主要是針對客戶的企業不論是要上市、收購、財務投資等目的，進行一連串複雜的現場調查與資料分析，以確保該項業務的風險降到最低，以提升該案的成功率。盡職調查內容多如牛毛，包括：產業研究、企業經營團隊調查、歷史沿革、行銷銷售、財務、會計、稅務、法律適法性等。

需要的能力與特質

會計、財務、證券分析與法律的專業能力，是這個工作必備的基本技能；有耐心及能忍受不確定性的特質，是很重要的，因為一個案子做下來可能時間相當長，數月到數年都有可能，並且許多案子可能在經過長時間調查後，才發現功虧一簣無法持續進行，所以具備「耐心」是非常重要的。

這個圈子通常不收完全的新人，喜歡錄用有產業經驗、會計審計經驗或企業財務部門的人，因此能以MA新鮮人的身分進入這個產業是相當吃香的，也僅有少數MA計畫有招

募這樣的職缺,包括中華開發和元大都是業界有名的,有志於此類職缺的求職者,這絕對是很好的機會。

 過來人怎麼說

MA的一日生活

在開發金從事直接投資工作的MA Mr.I分享,早上會拜訪投資標的公司,有可能在國內出差,或到海外出差,行程包括看廠房、與公司經營階層訪談。下午則進辦公室和老闆或同事討論案情,撰寫拜訪報告、微信報告,或是即時與客戶進行電話會議進行討論。

下班後,終於有自己的時間可以好好看看日劇、韓劇……才怪,相較白天零碎而多工的任務,晚上難得有完整且可自主運用的時間,可好好利用來蒐集資料並研究,分析產業概況,為未來新的案源標的找機會。

Mr.I 分享創投最難得的一點在於,有機會全面接觸到投資標的公司各種功能別的主管,橫跨總經理、財務長、技術長、人資長、行銷長等,這是一般人很難有的機會,因此可以更全面且具高度的角度來分析企業的經營。

五、經營管理事業群

主要工作在於掌握全球市場趨勢與經營脈動，協助公司發展短、中、長期的策略擬定與決策。透過系統性、邏輯性且科學化的方式分析經營績效、市場動態調查，以及各種突發任務的問題解決。其實角色就像是企業的顧問，以總部觀點來診斷各種公司所面臨的問題。

需要的能力與特質

以專精策略分析的MBA背景最為適合，最好具備很強的數理邏輯、分析、推理的能力，且對策略分析的架構與原理感到興趣。特質上最好具有彈性、喜歡接受新知，並樂於解決問題。

多數MA計畫在一開始就須選定特定的事業群領域，例如個金事業群、法金事業群等，基本上在前幾年的職涯會以該事業群的工作領域為主，比較不容易有跨事業群的異動。但隨著往後職涯的發展，跨事業單位的職涯發展路徑也經常可見。

表十　各家金融機構招募MA的職缺

金融機構	職　　缺
中信金控	・法人金融 ・個人金融 ・資本市場 ・支付金融 ・投資事業 ・風險管理 ・經營管理 ・保險事業
台新金控	・法人金融 ・個人金融
富邦金控	・法人金融 ・個人金融 ・投資管理 ・產物保險 ・華一銀行
國泰金控	・**GMA** ・法人金融 ・個人金融 ・財務管理
元大金控	・法人金融 ・金融交易 ・經營管理 ・投資銀行
玉山金控	・法人金融 ・個人金融

金融機構	職　　缺
開發金控	・直接投資 ・法人金融 ・證券市場 ・金融市場
永豐金控	・財富金融處 ・金融市場處 ・整合行銷處 ・消費金融處 ・海外業務處 ・電子金融處 ・資訊處
新光金控	・企業金融 ・財務金融 ・個人金融 ・財富管理
遠東銀行	・法人金融事業群 ・個人金融事業群 ・消金及信用卡事業群
萬泰銀行 （現凱基銀行 ）	・消費金融事業群 ・企業金融事業群 ・分行通路事業群 ・財務金融事業群 ・財務管理總處
大眾銀行	・法人金融

金融機構	職　　缺
凱基證券	・Financial Engineer 財務工程人才 ・Cooperate Financial Marketer 金融商品行銷人才 ・Banker & Underwriter 投資銀行人才 ・Foreign Institutional Equities Sales 國際業務人才
中租迪和	・亞太MA計畫
花旗銀行	・法人金融 ・消費金融
匯豐銀行	・個人金融 ・財富管理 ・環球企業金融 ・科技及營運部 ・全球營運 ・工商金融
渣打銀行	・Transaction Banking ・Financial Markets ・Corporate & Institutional Clients and Corporate Finance ・Commercial Clients ・Wealth Management.
第一金控	・儲備核心人才
兆豐金控	・儲備外派人員
華南金控	・法律組 ・商學管理組

※此表為2014年資訊，2015年最新招募條件，詳見各MA招募網站。

MA都在做什麼?

腦闆:
MA Program進來一個月了
說說你學到什麼？

菜比巴MA：腦闆,
我學了好多～好充實

①    ②   ③    ④

影印機達人
（卡紙請找我）

Powerpoint
（簡報王）

訂下午茶高手
（喂，珍奶去冰
三分糖…）

馬屁哥
（腦闆今天髮型真好看）

二 實戰篇

第6講　如何豐富履歷以增加MA的錄取機會？

第7講　MA外語能力都要很好嗎？

第8講　MA要有專業背景才能被錄取嗎？

第9講　MA招募計畫這麼多？我該如何選擇？

第*6*講　如何豐富履歷以增加MA的錄取機會？

　　絕大多數的MA program都要求國內外研究所畢業為學歷的基本要求。只有少數如中信、元大、中租、匯豐、花旗等銀行開放大學學歷應徵。而通常大學學歷能錄取，都是學經歷極度優秀的菁英，所以MA的確是個高學歷門檻的工作。

　　如果是大學學歷，建議可以應徵少數不要求研究所學歷的MA，或是準備考取研究所。但可以想見，要與一群研究所的菁英競爭，勢必要非常優秀才有機會，建議可以在大學時代即早準備，主要可透過校內外競賽、實習、金融證照、國際經驗、社團經驗、獎學金等項目來補強。

一、校內外競賽

　　該參加什麼競賽？ 如果有志於投資、交易類的工作，可儘量參加各大專院校或證券期貨公司（如元大寶來、群益等）所舉辦的投資模擬競賽，因為該職務最重視實際操盤的能力。

　　如果志在個人金融，可以參加一些企畫類、創業類的競

賽，例如L'OREAL E-STRAT全球商業個案競賽、TiC100等比賽，儘量表現出自己在管理學科的本職學能，如果獲得好名次，更能達到加分效果。

二、實習

實習可以說是履歷表上最重要的武器了，尤其如果能在國內、外知名大企業實習的經驗，絕對是大大加分，第一首選當然是外商，再來是國內該領域的標竿企業，就算沒薪水也要努力爭取！例如，如果有機會去Google、麥肯錫、摩根史坦利等外商公司實習，就算沒薪水當個打雜工也一定要去，打雜久了自然會慢慢了解公司的業務內容，甚至接觸比較重要的工作。當你有機會去Google、麥肯錫、摩根史坦利實習，接下來要去微軟、高盛實習會很難嗎？當然就比一般人機會大多了，而且未來實習或正職的機會只會越來越好。所以不管怎樣，都要及早尋找實習，想盡辦法進入知名公司實習與歷練。

實習經歷具有累積性

另一個重點是，實習經驗具有累積性。如同前面提到的，當你有一份好的實習經驗，會有利於你應徵下一份實習，為你的未來工作機會加分。可貴的實習歷練，一定是履歷上最亮眼的部分。因此，如果說要如何彌補學歷上的不

足,那一定非實習經驗莫屬了。

但由於實習經歷需要時間累積,一定要儘早規畫,建議從大一暑假就開始規畫,但不建議去當家教、餐飲業打工,這些工作可以賺到錢,但對履歷的加值效果很低,除非你要從事教育產業或是餐飲業,那當然另當別論。今天談的是金融業MA,那請將實習目標鎖定正確,雖不一定要是金融業,但最好是知名的外商或本土企業,一份可以看出你的規畫能力的實習工作。

透過實習認識自己

實習還有一個好處,可以用最低的成本來測試自己喜不喜歡這個產業,通常到一家公司實習兩、三個月,聽聽自己內心的聲音,就會知道自己喜歡不喜歡、適不適合,不喜歡就換,因為是實習所以多方探索是好的,甚至在不夠了解自己的興趣喜好時,以實習當作刪除法,排除自己不喜歡的領域,以減少入錯行所浪費的時間和成本。如果是正職工作,就不能那麼隨意地換了又換,因為會被雇主認為不夠有穩定性,會影響後續職涯的發展。

因此,真的建議透過實習,多方探索自己的興趣所在,在應徵金融業MA前,最好有機會去金融業實習,才能真實了解自己喜不喜歡,否則千辛萬苦進入MA計畫才發現格格

不入，對於雇主和MA都浪費不少成本。

哪裡找實習機會？

① 學校合作計畫

許多企業都會和各大專院校合作實習計畫，各系所的布告欄、網站與職涯中心都會釋放許多實習資訊。

② 企業實習計畫

部分企業每年都會開放實習機會，尤其暑假機會最多，透過網路搜尋「企業 實習」就會有相當多資訊。例如台新金控、國泰金控、花旗銀行等每年都有固定的實習計畫，可提早準備。

③ 第三方平台媒合

例如，各大專院校都設有分會的國際經濟商管學生會AIESEC、政府的大專院校校外實習媒合資訊平台、台北經營管理研究院赴大陸實習計畫等。

④ 人力銀行

1111和104都有設立學生實習專區，可以從中尋找有興趣的企業實習機會。

⑤ **毛遂自薦**

如果心目中有非常嚮往的企業，但卻沒有開設實習機會，沒關係，想辦法找到人力資源部門或是主管級人物的電話、email等聯絡方式，毛遂自薦地投遞履歷，展現高度的熱情與企圖心，就算不支薪也要極力爭取，就有可能創造出屬於自己的機會。

⑥ **學長姊的人脈**

向已畢業的學長姊請益，甚至請學長姊代投履歷，由內部人推薦的履歷，有更高機率獲得面試機會。

三、金融證照

對於學歷處於弱勢的應徵者來說，金融證照是個向雇主表達企圖心與決心的好方法，表示你對金融產業具備一定的專業知識，能夠在上職場後立刻展現即戰力。因此，像證券暨期貨市場發展基金會所舉辦的證券、期貨證照考試，台灣金融研訓院舉辦的授信、信託、內稽內控等考試，都是基礎的證照考試，可在短時間取得，投資報酬率頗高。另外，如能取得如CFA、CFP、FRM等國際證照，更是大大加分的項目。但請注意，國際證照有些限制必須大學畢業學歷才能報考。

四、國際經驗

在過去，外商銀行比較需要具有國際經驗的人才，但現今，在金融業打亞洲盃向外擴展國際業務的浪潮下，連本土金融機構也越來越重視應徵者的國際化能力。或許有些人天生就具備國際化優勢，例如，父母是外交官、在外從商、從小移民、每年出國遊學等種種因素，天生具備這樣的優勢。但沒有這些條件也沒關係，因為機會是自己創造出來的，你還是可以透過很多管道去建立自己的國際化能力。

國際經驗來源

❶ 交換學生

現在越來越多大專院校積極與國外大學簽訂姊妹校交換學生的合作，因此出國交換一年或一個學期越來越普及。根據觀察，以較熱門的MA計畫來看，錄取者約有二到三成在大學或研究所時期有過國外交換學生的經驗，因此這當然是個加分項目。

交換學生機會趨多

或許你會覺得申請交換很難，但隨著姊妹校合作越來越多，在台大、政大等學校，交換學生的名額其實供過於求，只要你想去，一定有機會。但前提是，一定要將自己的語言

檢定先準備好，不論是托福、多益、雅思、日文檢定等，只要符合最低門檻就有機會。如果有經濟壓力也不必太擔心，各學校大多有交換學生的補助申請機會，或是教育部「學海飛颺」、「學海惜珠」、「UMAP臺灣獎學金」等申請機會，或是各國當地獎助交換生的獎學金，例如：日本交流協會「短期交換留學生獎學金」、台德（德國）交換獎學金、台奧（奧地利）交換獎學金等，都可以積極嘗試申請。

交換學生的價值

或許有人覺得交換學生都在玩，沒有太大實質價值。但我認為，端看個人如何去設定交換學生的目的，除了在學校學習課程，適應異國文化、訓練獨立、與外國人打交道、外語的進步、旅遊的探險等，何嘗不是交換學生所帶來的優勢呢？一定要將這些經驗包裝融合成個人經驗的提升，以及思考如何對未來的工作產生助益，這都是履歷與面試時的一大優勢。

② 國際志工

能夠做善事又能豐富自己的國際經驗，國際志工也是個熱門選項。包括AIESEC國際志工計畫、財團法人國際合作發展基金會的海外志工計畫等，很多組織都有類似的規畫，但同樣面臨的問題是：如何把這段經驗轉化成加分的個人特

質，更加認識自己，都是必須好好思考的。

3 國際競賽

　　參加國際型競賽活動，不外乎可以增進自己的眼界，更體驗與全球人才共同學習與競爭的機會，也能強迫自己提升語言能力。例如，YEF國際青年創業領袖計畫就是廣受好評的國際創新創業計畫；或是當你的學校被邀請參加海外的競賽機會，也要積極爭取，例如，GSVC（Global Social Venture Competition，全球社會企業創業大賽）在預賽就能和印度、孟加拉、南非、肯亞、中國、香港等學生同場較勁；中國MBA企業案例大賽能和兩岸三地，包括中國、香港、台灣最優秀的MBA學生共同比賽個案分析。

過來人怎麼說

　　台新MA MR.R分享，研究所時曾赴中國參加個案分析競賽，並且獲得很好的名次，競賽能展現出求職者管理學科的實力，並且能與中國的頂尖學生競爭，同時突顯了很強的抗壓性，這些正是MA要求的條件。因此在面試過程中，不斷被面試官詢問相關問題，這時就是好好表現自己特質的show time，包括團隊合作力、創意力、簡報力、邏輯力等，都是很好的發揮點。

五、社團經驗

在沒有實務工作經驗之前,學生的社團經驗就是一個可以見微知著看出工作潛力的來源,主要有以下幾點:

1 領導力

可以的話,儘量在社團裡爭取當幹部的機會,因為那是個學習領導能力的機會,你必須帶領組員去完成各種目標,這也是MA計畫希望MA候選人必須具備的能力,代表未來有機會以比較快的速度當上組織裡的主管職。

2 執行專案能力

社團裡會舉辦大大小小的活動,其實就像是在企業裡執行專案一般,如果能在學生時代辦過知名的社團活動,其實就是在告訴面試官你已經有執行專案的經驗與能力。

3 人脈與團隊合作能力

加入社團可以讓自己認識更多朋友,這些朋友都是職涯上未來很重要的資產;此外,社團的經歷也是在告訴面試官,你是個善於團隊合作能力的人,不管在團隊中擔任什麼角色都能恰如其分地貢獻。

過來人怎麼說

　　花旗前MA Mr.H分享，過去雖然是私立大學企管研究所畢業，但是因為有很豐富的社團經驗，包括在校刊社團擔任主編、音樂性社團擔任社長等歷練，表現扎實的領導與執行專案經驗，因此即使不是海歸派或國立大學畢業，卻因為社團經驗而加分，因此獲得花旗MA計畫的青睞。

六、獎學金

　　獎學金主要表現在學術方面的能力，包括書卷獎、論文獎學金等，且等同透過第三方機構來背書你的優秀表現，而且申請獎學金與實習一樣具備累積性，也就是當你申請到一個獎學金，你就越容易申請到下一個獎學金，因為替你優秀的背書會不斷持續地累積。

 過來人怎麼說

　　國泰MA Ms.Y就是透過不斷申請獎學金，在研究所就累積超過NT$ 50萬，不僅不必擔心因為打工而影響學業，經濟就能自給自足，而且申請獎學金的過程中，就是不斷強迫自己整理過往的經歷、履歷，說服申請單位你夠優秀的訓練，

這對未來的就業是很有幫助的。另一個最大好處是，累積的獎學金獎項也能充分說明自己在學術上的優秀能力。

例如，每年舉辦的國泰「蔡萬霖先生紀念獎學金」，每年都會徵選上百名研究生，獲獎者每名則可獲得高達NT$ 10萬的獎學金，代表你的優秀表現已經獲得肯定，往後要爭取國泰金融機構的實習機會或MA計畫，都是很好的連結。

至於獎學金訊息要到哪裡找，最簡單的就是各大專院校學務處網站，都有相當多的獎學金申請訊息，千萬不要放棄機會。

交換學生的日子

〔交換學生時〕
轟趴 Every day！
Dancing every night！

MA：
英文專業論文的撰寫
國際人脈的建立
還有數不清的好處（嘿嘿…）
都對未來幫助非常大

〔面試時〕
腦闆：
　請問你交換學生
　學習到什麼？

第*7*講　MA外語能力都要很好嗎？

在外商英文是必備的基本門檻

這問題依據不同的公司與事業部門而異。本土銀行與外商銀行會有不同，基本上外商MA如花旗、匯豐、渣打、星展，不論在招募階段或是進入公司後的日常工作都必須使用英文，從招募階段的個人履歷、職能測驗、面試等關卡，很高的比例都必須以英文來完成。而上班後日常業務e-mail溝通，跨國部門共同會議，都是以英文作為主要語言。畢竟，很有可能你的主管就是位不會講中文的老外。

本土金控視業務內容而定

至於本土金融機構，招募流程基本上還是以中文為主，但是近來在金融業瀰漫著打亞洲盃的氛圍下，老闆們也越來越重視國際化與外語能力，不僅應徵資格往往會加上英檢，包括多益、托福、雅思等成績，甚至有些會要求第二外語，雖然各家要求水準不一，但至少多益800分是比較保險的，且越高越好。此外，在面試的流程上，有些本土金控也會安

排英文的對答，以確保應徵者能通過最基本的外語要求。此時，多以英文練習面試的考古題是準備的不二法門。

　　而本土金融機構在日常工作上使用英文的機會相對外商較少，但仍視各單位而不同，如果在個人金融領域，除了閱讀一些業務相關的國外資料外，一般使用英文機會較少，甚至在分行台語比英文還重要。而如果在法人金融單位，就看客戶是誰，若是跨國企業法人，使用英文的機會一定少不了，但如果是台商為主，有時候可能台語更管用。

應徵MA的英文門檻會越來越高

　　除了英檢考試成績符合招募的最低標準，更重要的是工作上使用英文溝通的能力。大體而言，對於英文能力的要求，外商大於本土。但隨著本土金控業務越趨國際化，不論在招募過程或工作需求上，對於英文的需求也逐漸提高。

過來人怎麼說

　　渣打MA Mr.W分享，曾經在輪調時加入一個資訊專案，這專案須和跨國的團隊合作，因此會有很多的電話會議和e-mail書信往返，國外同事很多都是印度人，他們的英文口音很難聽得懂，但由於要做會議紀錄給老闆看，只好把電話

會議的過程錄音下來，回去慢慢重聽清楚再做紀錄，過程很辛苦！因此在渣打，英文不僅要好，還要能聽懂各國的英文口音，這才是最大的挑戰。也因此香港、新加坡、台灣的同事都會戲稱，渣打是印度人的銀行嗎？印度人怎麼特別多。

第*8*講　MA要有專業背景才能被錄取嗎？

研究所科系比大學科系更重要

相關科系背景又可分為大學與研究所兩種，而研究所相關科系又比大學科系來得重要，很多MA都是大學念非商管類的，例如文學院、理學院、社會科學院等，研究所才轉念商學院，只要研究所科系為商管背景，其實都有滿大的錄取機會，但並非其他領域的研究所就沒有機會，還須視不同事業部門單位而定。

個金較重人格特質，法金較重專業背景

在個人金融領域，比較重視個人特質與業務規畫方面的能力，非商管領域的應徵者相對上比較有機會，包括傳播、外文、社會科學等都時有所見。在法人金融領域，需要較專業的財務與會計能力，所以商管背景中財金、會計、金融等系所還是比較有機會。在金融市場領域，需要較強的計量、程式、數學等能力，因此統計、財工、計量經濟或理工背景就會比較吃香。

　　不可否認，相關科系的錄取機率的確較高，但如果非相關科系背景想爭取MA職位，如前所述，還是可透過實習、證照、競賽等強大豐富的經歷，來彌補非相關科系的劣勢，說服面試官你在該領域還是很有潛力。

 過來人怎麼說

　　彰銀MA Ms.Z分享，彰銀除了在第五屆MA招募流程以面試為主，其他屆大多都是以筆試為主，筆試的條件只限國內外研究所學歷，至於什麼科系相對不重要，只要考試能力夠強就可以，因此也曾有音樂系背景考上的。因此，非商學背景的求職者，也可以考慮以筆試定生死的MA計畫，就像考公務員一般，專業背景就相對不重要了。

第*9*講 MA招募計畫這麼多？我該如何選擇？

現在的MA計畫何其多，就算決定要走金融業MA一途，也不知道從何選起，這可能是很多求職者面臨的問題，或許有些人認為薪資最重要，有些人覺得符合公司文化最重要，每個人挑選的重點不同，以下僅嘗試用幾點較常考慮的面向，結合訪問十來家MA的經驗，提供求職者參考：

一、薪資

以最實際的客觀條件來看，薪水的確是很多人最看重的項目之一。大多數MA計畫都是以兩年為訓練階段，期間內同家MA的薪水落差不至於太大，但兩年訓練期滿後就看個人的造化了，差異可能逐漸拉開。

以兩年為參考

如果以兩年MA訓練期滿作為一個時間點，幾家MA計畫的薪資水準大致分布如下（以訪問加上市場概況估計，僅供參考）。整體而言，在兩年內，外商≧本土民營＞泛官股。本土民營年終獎金爆發力強，加總年薪已經和外商年薪差不

多水準,在意薪資的求職者,可以此為評估。

　　不過如果要算C/P值,又是另回事了。泛官股的穩定性、準時下班,長期來看C/P值看俏,這就看個人的抉擇了。

圖四　MA兩年訓練期滿後年薪(訪問整理,僅供參考)

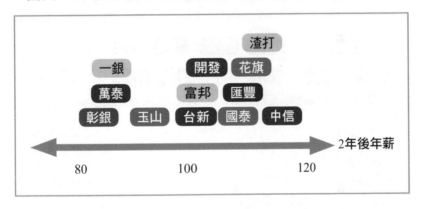

二、公司文化

公司文化沒有對錯,只有適合與否

　　除了客觀條件,主觀上喜不喜歡這家公司的文化,往往是決定會不會久留發展的關鍵,如果與公司文化格格不入,通常也待不久,就算這家公司有多好的發展機會,也不適合作為你職涯發展的起點。公司文化沒有對錯,只有適合與不適合,喜歡與不喜歡。

以下圖的兩個天平來看，其實大多數公司是介於中間，比較鮮明的如花旗是非常明顯鼓勵競爭和積極性，而玉山和多數泛公股銀行則是比較強調團隊至上，以及順從的特質。

圖五　公司文化（訪問整理，僅供參考）

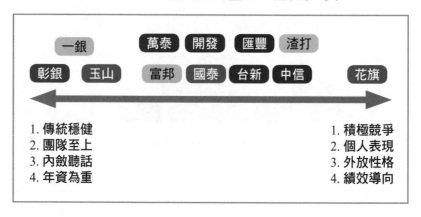

想清楚自己適合哪種公司文化

如果自己想要快速升遷加薪的職涯發展，但卻進入表現好與壞差異不大的「大鍋飯」文化，那絕對會鬱鬱寡歡；反之，內斂穩定的性格的人卻處在一個要拚得你死我活的競爭環境，勢必也會格格不入。因此，最重要還是要了解自己、了解公司文化，再做最適合的選擇。

過來人怎麼說

　　花旗MA Mr.A分享，花旗人的特質就是直率、敢表達，邏輯能力很強，而且喜歡競爭，認為對的事一定會據以力爭，勇敢爭取，絕不會悶不吭聲。從MA面試開始就可以明顯看到這種特質，在小組討論時，每個人就會爭相爭取報告發言的機會，甚至面試官也會問你覺得哪位面試者表現最差? 為什麼? 你哪裡比他好? 就是要直來直往地透過競爭來表現出自己的強項。

　　至於玉山、一銀、彰銀的MA則不約而同提到，如果在面試中太過於積極、活潑或具侵略性的表現欲望，恐怕連面試都不會通過。他們比較重視團隊而不是個人，希望個性上是比較溫和聽話的，謙遜且有禮貌的。

　　此外，是否以績效導向為主也有很大的不同，多數外商與民營銀行都有強烈的績效導向，業績做得越好，當然業績獎金與年終獎金也會領得越多，所以每年獎金的範圍會很明顯。但是，也有聽說某泛公股銀行的理專是幾乎沒有業績獎金的，或是某泛公股的年終獎金最多和最少相差只有一個月。

三、外派機會

　　如果求職者將外派或海外工作納入職涯規畫與發展的選項，那當然要關心各家金融機構在海外的布局，以及該MA計畫是否鼓勵MA外派的情況。尤其近年來政府帶頭打亞洲盃，預期本土金融機構不論是民營或是公股銀行，會有越來越多海外發展機會，相較下可能出乎意料比在外商銀行擁有更多的外派或海外輪調機會。

圖六　外派機會（訪問整理，僅供參考）

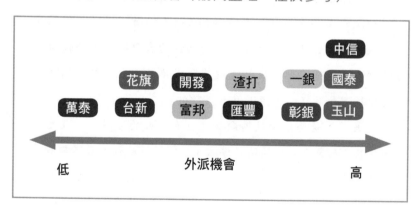

表十一　各銀行海外據點統計

銀行	分行	代表人辦事處	其他分支機構	總計
中國信託商業銀行	8	4	93	105
國泰世華商業銀行	6	5	52	63
兆豐國際商業銀行	21	3	12	36
第一商業銀行	16	2	7	25
台北富邦銀行	5	0	14	19
永豐商業銀行	4	1	14	19
玉山商業銀行	4	2	6	12
合作金庫商業銀行	8	1	2	11
華南商業銀行	9	1	1	11
彰化商業銀行	7	0	1	8
台新國際商業銀行	2	1	0	3
臺灣新光商業銀行	1	1	0	2
元大商業銀行	0	1	0	1
遠東國際商業銀行	1	0	0	1

資料來源:金管會(2014.09)

配合政府政策的機會

從金管會主委曾銘宗積極推動亞洲盃就可以感受到,台灣金融業在海外布局絕對會越來越熱烈,報載2014年末金管會就正式發文給16家金控,要求各金控在2014年底董事會要通過未來三到五年在亞洲布局的策略規畫,並呈報給金管會。金管會希望各家金融機構加大動作,加快速度,並且強化相關措施。據主委指出,證券業中以元大證及凱基證最具打亞洲盃的條件;而壽險業則是富邦人壽及國泰人壽;銀行業以一銀及兆豐銀最有基礎,但中信銀與國泰銀也相當積極。

如果未來將自己定義在不只是立基於台灣的人才,而是朝向成為國際金融人才的目標,那就不能不關心未來政府政策的走向與產業發展的趨勢,哪些金融機構最有機會走出去,當然也是應徵MA計畫的考量之一。

過來人怎麼說

　　國泰MA Ms.J 和玉山MA Mr.D 都提到，身為MA的身分未來會有相當高的機會被外派，公司裡的老闆非常支持、也很需要語言能力比一般職員更佳的MA勇於挑戰，因此在招募MA時甚至會強調，如果排斥外派，請不要申請我們家的MA計畫。但也由於國銀都很重視東協國家的經濟發展潛力，包括國泰與玉山都非常積極拓展東南亞的據點，因此，未來許多外派或輪調機會將會在東南亞，這也是必須先有心理準備的。

四、企業強項和職缺安排

① 企業強項

　　雖然招募MA的金融機構很多，但是每家金融機構的核心主力業務會不太一樣，如果要應徵某家MA計畫，當然要進去核心單位，核心包括最賺錢、分配到的資源豐富、業界有名等等都算，因此，就必須蒐集資料了解各家金融機構的特色，包括各項業務的市占率排名，這可直接看出該事業處的資源投入多寡。

　　而在選擇前，還有一項必備的功課，就是先了解自己想要發展的領域，可以試著先問自己以下幾個問題：**想進商業銀行或是投資銀行？或是證券？或是保險？或是租賃？或是創投？想做法人金融業務，還是個人金融業務？**

　　了解自己感興趣的領域，再去找相對應以該領域為核心發展業務的公司配對，從40頁表七可以看出輪廓，例如對證券有興趣，那元大、凱基等MA計畫就比較適合，但如果對個人金融有興趣，卻去申請元大就比較不那麼適合，因為個人金融明顯不是元大的主力業務；如果對租賃有興趣，就以中租迪和MA為首選；如果喜歡創投，那開發金MA是第一也是唯一的志願；如果想做個金或法金，其實都是各大商業銀行的主力業務。

　　如果興趣更明確一點，例如對電子商務的金流有興趣，那玉山、永豐是個好選擇；如果想研究行動支付，中信、台新、國泰、玉山都算領先者。

　　唯有在該項業務前幾名的公司累積經驗，才會更有助於未來的職涯發展，包括跳槽或升遷。

過來人怎麼說

　　像個金和法金這種領域幾乎每家的MA計畫都有,但也有些領域是非常獨特的,例如開發金的直接投資部門。開發金MA.Mr.A分享開發金大部分新人都是MA,因為直接投資、創投、私募基金領域很少招募新人,大多需要工作經驗,也因此MA成了招募少數新人的管道,該單位就有將近五成以上都是MA,這在其他公司是很少見的,因此對直接投資、創投有興趣的求職者,開發金可說是最好且唯一的目標。

② 職缺安排

　　建議在確認各家金融機構的主力領域後,還得看該MA計畫對MA的職缺安排傾向。也就是說,假設當你確認自己喜歡的是個人金融領域,而且你比較想從事的是前線業務工作,直接面對客戶的工作環境,但如果進入MA計畫後發現,公司將MA的訓練重心放在中後台的後勤工作,那就算喜歡的是個人金融領域,也會因為無法到自己想去的職位,工作不開心而增加離職的機率。

過來人怎麼說

其實先看各MA計畫的輪調制度，就約略可以知道公司對MA的職缺安排規畫。

舉例來說，雖然像國泰、富邦、台新、渣打、匯豐等MA計畫都有招募個人金融儲備幹部，但是輪調方式與下單位的職缺都有所不同（詳見第12講）。

其中，台新的個人金融MA，是不必輪調分行或下單位到分行擔任前線業務，主要把MA定位在總行規畫的幕僚職位，但是，在國泰、富邦、渣打、匯豐的個人金融制度下，一定都必須經過輪調分行，甚至下單位在分行擔任理專等職務。因此，如果很討厭當業務背負業績壓力的人，進入這種制度就會很痛苦。所以，建議一定要詳加了解各家的制度安排，以免辛苦錄取了，卻發現不是自己想要的，屆時要退出的成本就非常高。

五、獲利狀況

公司賺不賺錢與你很有關係

女方出嫁都會看男方的經濟狀況,雖然不一定要嫁進豪門大富大貴,但至少男方的經濟狀況要穩定、要成長、要有未來。同理我們找工作當然也要看企業的獲利狀況,其實要求的就是一個未來性與穩定性,簡單說,就是這個企業到底賺不賺錢?以投資角度來說,常會以稅後淨利與每股盈餘(EPS, Earning per share)來看這家企業的獲利狀況,其實MA求職者也可以用這個指標來看企業有沒有競爭力。

稅後淨利=營收─成本─費用+業外損益 x (1─稅率)。簡單說,就是企業扣掉成本後賺的錢,所以可以看到下頁表十二中,稅後淨利前兩名富邦、國泰都是擁有銀行、保險、證券多獲利引擎的大金控,家大業大的規模經濟下,當然稅後淨利領先群雄。

而每股盈餘(EPS)=稅後淨利/流通在外發行股數;也就是公司淨賺的錢除以公司發行的股票數,其實EPS更能看出公司的賺錢能力。大家可以參考表十二各家金控獲利狀況表,就可以知道各金控的賺錢能力,如果多觀察幾年,甚至能看出某公司成長速度與未來潛力。

公司賺不賺錢與你有什麼關係？當然有關係，公司獲利越好越賺錢，才有機會發更多年終獎金，調高加薪幅度，這當然重要吧！

表十二　2014年各金控獲利

金控	2014稅後淨利（億元）	EPS（元）	排名（以EPS計）
富邦	601.92	5.88	1
國泰	498.00	3.94	2
中信	405.47	2.66	3
兆豐	301.99	2.43	4
元大	165.38	1.63	5
玉山	105.01	1.55	6
第一	140.76	1.52	7
永豐	129.68	1.45	8
華南	131.91	1.41	9
合庫	103.74	1.13	10
開發	108.50	0.73	11
新光	77.94	0.69	12
台新	15.70	0.08	13

資料來源：公開資訊觀測站（2015.1）

＊註：台新金受12月認列彰銀投資損失147.75億元影響，原2014整年度
　　獲利超過160億元。

三

生存篇

第*10*講　MA的壓力是不是都很大？

第*11*講　MA輪調的價值？

第*12*講　各家MA輪調及分發下單位的比較

第*13*講　MA計畫中如何打考績？

第*14*講　分發下單位，天堂地獄一瞬間

第*15*講　如何快速適應新單位、新業務？

第*16*講　聽說MA工作很操？

第10講 MA的壓力是不是都很大？

　　錄取MA後，最重要的任務就是生存下來。依各家MA計畫賦予的壓力程度不同，可分為壓力大、壓力很大和壓力非常大！也就是說，基本上這不會是個爽缺。為什麼這麼說呢？MA絕對不是一份同時符合錢多、事少、離家近的工作。錢多應該還算過得去，離家近看個人，但事少就別奢望了吧！MA計畫本身就是設計給優秀人才快速學習、快速晉升的管道，相較一般職員，公司會規畫以更短的時間讓MA有更多的學習機會，同時承擔更重的工作責任，當然壓力也就伴隨而來。

　　所以，如果有個MA計畫讓你感覺不到壓力，或者說壓力不夠大，那你可能要擔心了，因為真正的學習成長往往是突破壓力而得到的，如果沒有足夠的壓力強度，要學得比人快、比人強是不可能的，不可能要馬兒好，又要馬兒不吃草，多承受點壓力，才能成為職場上的「勇腳馬」。

　　MA的壓力來源往往有下列幾點：

1 被淘汰的壓力

許多MA 計畫都有規畫淘汰機制，也就是滿一段期間後，通常是滿半年、一年或兩年，會有決定MA留任與否的考試，形式包括筆試、結案報告等形式不拘，通過了就可維持MA的待遇與身分；如果沒有通過，有些公司有補考機制，如果還是沒通過，就可能被拔除MA身分，這時可選擇離開或是成為一般職員，如果選擇後者，MA的待遇與福利也會同步被取消。

至於每家銀行的淘汰率不一樣，甚至同家銀行不同屆MA之間的淘汰率也不同。基本上，淘汰率較高的MA 計畫，留下來的MA相對也會有較快的升遷，如果你對自己的能力相當有信心，想衝的比較快且能承擔較大的壓力，那淘汰率高的方式反而適合你。相對的，如果淘汰率低，大家都留下來，就必須排排隊慢慢等升遷。

過來人怎麼說

雖然許多MA計畫都公告有淘汰的機制，但往往自己主動離職的人會比不適任而被淘汰的人多。因為MA在招募流程就經過嚴格的篩選，錄取就代表具備一定程度的資質，因此真的因為能力不足而被淘汰的反而是少數，像花旗、

匯豐、渣打、一銀、彰銀、開發金等幾乎都沒有主動淘汰MA。而主動離開MA計畫的理由就有千百種；回去接家族事業、出去創業、不喜歡金融業等各種理由都有。

非自願被淘汰的人少，自願離職的人多

國泰MA Ms.Y說，計畫雖然明定會淘汰15%不適任者，但如果都表現得很好，可能第一年還不會有人被淘汰；匯豐MT Mr.T則分享，兩年中會有多次針對輪調部門表現與專業報告的考核，但實際上很少人會因此被淘汰，因為先前公司已經嚴格篩選進入MT計畫，並且花了很多成本培訓，如果在這階段才淘汰MT，其實是很浪費公司資源的，因此寧願多協助MT通過考核，也不會輕易淘汰。

中信MA Mr.N表示，中信MA計畫應該算是淘汰率較高的制度，尤其又以個人金融高於法人金融，曾經有某屆進來10名，兩年後只剩下3人，當然包括非自願被淘汰與自願離職的。但相對的，中信MA只要通過兩年考核畢業，就能升上經理職位，並且月薪超過70k，在業界算是特快車，只要有能耐且撐得住，就不怕你來拿。

② 主管、同事以放大鏡檢視

　　MA一進入公司薪資就比一般同仁高，休假日可能也比一般同事多，也享有更多高階長官的關注，當然容易引起部分主管或同事拿著放大鏡檢視，既然享有的比別人多，相對也要付出比別人更多，來證明自己的能力值得特別的待遇，無形中就會形成頗大的壓力。在這段證明自己能力期間，最好能夠以謙卑、禮貌的態度，加上積極的學習精神來應對，一旦獲得認同與肯定，主管或同事往往會給予更多的資源與協助。相反的，如果自認為高學歷MA而不可一世，在放大鏡檢視之下，常常會遇到相當大的挫折，這點一定要小心。

 過來人怎麼說

　　被同事說閒話，是每位MA都曾遭遇的經驗。一銀MA Ms.B分享，MA一入行就掛「高辦」的職稱，但在分行輪調時，常會遇到比自己資深很多的前輩只掛「中辦」職稱，職等比MA低。但由於MA剛入行往往什麼都不會，常常需要資深的「中辦」來教菜鳥「高辦」，但MA又領比別人高的薪水和福利，當然常會被說閒話，諸如「MA只有學歷高啦，什麼都不會」、「去考個研究所也能當MA啦」之類的，這就是考驗MA抗壓的時候，態度良好的快速學習，並取得前

輩們的肯定，就有機會打破這個放大鏡。

比較特別的是開發金，開發金MA Mr.A表示，在開發金尤其是直接投資部門，因為人數少且幾乎只收MA，可能有一半以上都是MA，這時MA的身分就沒有什麼稀奇的，自然就少了許多被「放大鏡」另眼看待的情況。

③ 自我要求的壓力

大部分經過MA招募流程過五關斬六將錄取的優秀人才，會有較高的自我驅策能力與成就動機，想要有比別人快的升遷與成長，這往往也是壓力的主要來源之一。然而，既然選擇MA這條路，如果一路上能將自我要求的壓力轉化成進步的動力，那反而是職場上的優勢。

④ 同儕的比較壓力

同儕之間比績效、比能見度、比積極力、比老闆比較重視誰，什麼都可以比，尤其面臨淘汰制度時，比較的壓力更大。但是切記「水能載舟，也能覆舟」，當越愛比較、越愛競爭，同儕間的落差就會很顯著，淘汰的標準相對就明顯了。但相對的，如果同儕彼此之間散發出團結、團隊戰鬥力、每個人都很強的氛圍，淘汰的標準也就不那麼明顯了，大多數MA一起通過考核的機率也就大大提升了。

過來人怎麼說

　　花旗MA Mr.A分享，在花旗大致上同儕競爭的氛圍個人金融會大於法人金融，從面試開始、輪調時的專案報告、下單位分發單位，只要有自我表現的機會，都在跟同儕間競爭，只有比較才能看出優劣，這也是MA計畫的特色，挺著住壓力就是良性競爭，挺不住壓力就只能黯然退場。

5 升遷的壓力

　　多數MA都希望有快速升遷的機會，然而在金融業的龐大組織下，須與眾多優秀人才競爭，儘管表現不錯還是必須乖乖排隊，面臨的壓力可想而知。所以入選MA，代表你的確有比別人快的機會，但不代表這一定會發生。當然，如果有堅強的「Back up」，又是另外一回事。

職場食物鏈的概念

前輩：
　是是是，
　腦闆我知道了！

腦闆：
　搞什麼東西啊！
　沒做完不能回家！

菜比巴MA：
　是，前輩我知道了！

前輩：
　搞什麼東西啊！
　沒做完不能回家！

第11講 MA輪調的價值？

快速且宏觀地學習金融業的運作

　　由於MA計畫被各大金控定義為菁英計畫，是最年輕、最有潛力的新進職員，因此，金控的高階主管都希望MA未來成為企業持續獲利的核心骨幹，成為中高階的專業經理人。也就是說，企業對MA的期待不只是基層員工，而是企業未來的領袖。而領袖必須具備較宏觀的思考面向，以及了解整個組織各事業單位的核心業務，才能領導整個企業的未來方向。因此，輪調計畫對了解整個大組織的運作非常有幫助，因為可以在短時間內，了解各業務單位的核心工作內容，與在整體組織裡的角色定位。

　　一般非MA計畫的新進員工，要輪調至其他單位，至少需要兩到三年的工作經歷才能申請。也就是說，如果要有三到四個單位的經歷，可能需要花近十年的時間。但相較下，MA的輪調計畫，通常只需兩年，就享有輪調至三、四個單位歷練的機會。因此，MA可以說是以五倍快速的時間在學習，當然密集式的壓縮學習壓力一定很大，一旦撐過，能在

短時間內，累積豐富的經驗與宏觀的思考能力，那升遷機會一定更快、更多！

表十三　一般員工與MA輪調差異表

	輪調所需年資	輪調4個單位所需時間	優勢
一般新進職員	約2~3年	約10年	了解業務較深
MA儲備幹部	約3個月~1年	約2年	了解業務較廣

　　當然，工作輪調短時間的速食式學習，也會招來某些批評，有人認為學的不精，只是在走馬看花，無法學習到各單位的核心精神與know how。往往在熟悉該部門運作而開始有貢獻時，就要離開到下一個單位輪調，學習收穫有限。

眾多MA一致肯定輪調的價值

　　但總體看來，輪調還是利大於弊的一種訓練設計，端看自己用什麼態度及工作方式去看待工作輪調的價值。經過訪問各家MA後，發現幾乎所有人都相當肯定輪調的制度，這也是MA計畫中最獨特與有價值的地方之一，綜合輪調的好處如下：

① 強迫自己快速學習

當然如果只是一兩週的時間，與其說是工作輪調，不如說是單位見習的教育訓練，這種見習目標在於了解某項業務的工作流程與工作環境，老實說因為時間真的太短，無法有足夠吸收學習機會。然而，如果是一季、半年、一年的輪調，其實時間也已經足夠讓MA快速扎根在該領域，從學習的get到貢獻的give。正因為時間急迫，壓力下更能激發自己的潛力快速學習。

② 培養在組織裡各單位的人脈

在各單位輪調時，除了顧好自己的專案報告，更須花點時間來建立、培養與維護單位同事的人脈，不管同事是資深或資淺。因為MA初來乍到一個單位肯定什麼都不懂，所以一定要以謙卑的態度虛心請教，所有的know how都是從嘴巴裡問出來的，每一位同事所負責的業務，絕對都有學習的價值。而這些同事也會成為你未來執行跨組織專案的一大助力，所謂「有關係就沒關係，沒關係就有關係」，未來這些同事可以協助你找到對的窗口，或是這些同事本身就是跨組織專案的成員，過去熟識的關係可以讓溝通更有效率，讓專案執行起來更順利。

過來人怎麼說

　　輪調結束要到下一個單位時，常常會非常捨不得單位的主管和同事，就像當兵「打退伍」一樣，宴請下午茶給整個單位的同事，以報答「教養之恩」。

③ 拉高視野、減少組織的本位主義

　　過去跨單位合作最容易遇到的問題，就是各單位的本位主義，只在意自己單位的利益，而無法思考整個組織的最大化利益，最大的問題就在於不了解其他單位的需求、難處與利益。

　　MA由於工作輪調的安排，能在短時間內便經歷各單位的歷練，期間也會了解到該單位的核心業務內容與核心績效指標為何，因此，各單位的強項是什麼，最在意什麼，MA都知道了。如此一來，在跨單位的專案合作時，就能以對方的角度來思考，避免雙方過度本位主義造成專案窒礙難行，這對個人及組織來說都是件好事。因此，組織內越多人有輪調經驗，對組織運行是絕對有幫助的！

> ### 💡 過來人怎麼說
>
> 　　過於專注單一單位的經驗不僅容易有本位主義，也容易有見樹不見林的負面影響，只看到局部而看不到整體，這絕對不是高階主管的視野。但MA也要切記不要變成見林不見樹，沒有各單位的專業知識和經驗作基礎，就很容易淪為打高空的嘴砲。

④ 更了解自己的職涯興趣

　　大多數MA在歷經一段時間（約一到兩年）的密集工作輪調後，會依據志願序、考核分數、單位員額、主管意願等因素，被指派到某單位進行中、長期工作，短則一到兩年，長則四到五年以上都有可能，也就是俗稱的「下單位」。

　　由於下單位一待就是一、二年以上的長時間，因此，是不是在自己喜歡的工作領域下深耕，就非常重要。在喜歡的領域，可以扎實地學習從菜鳥變成專家；反之，在不喜歡的領域，就感覺學習是件痛苦的事。因此，在工作輪調期間發現自己的興趣所在，便成為輪調期間最大的收穫之一。

　　建議可以趁著在各單位輪調的時候，觀察該單位主管的領導風格、同事相處氣氛、工作內容、該業務未來發展性等，是不是自己所喜歡的，這關係著未來幾年工作開不開

心、順不順利，至關重要！一定要趁著這段時間多探索自己的喜好。相對於MA，大部分員工是沒機會體驗一圈後才決定自己所喜歡的單位，所以MA還是滿幸福的，這也是MA最大的優勢。

 過來人怎麼說

　　也有一些MA在輪調許多單位後發現，這些工作都無法引起興趣，因此輪調後決定離開金融業。其實趁早發現不適合而離開，也是件好事，許多離開金融業的MA後來在其他領域也有很好的表現。因此，如果能在學生階段透過實習，提早確立自己的興趣，那就可以大大降低工作後才轉換的成本，所以實習非常重要。

第12講 各家MA輪調及分發下單位的比較

　　多數MA計畫都設計第一年為較密集地輪調二到六個單位不等,第二年則分發下單位進行時間較長的輪調,約為半年到一年。而輪調與下單位的學習目的也不同,第一年輪調著重快速了解各單位的核心業務,建立各事業群的商業模式概念,重點在廣度。到了第二年下單位的輪調,由於待的時間更久,重點則轉變為深度地進入各單位,實際執行業務的核心,組織的要求也不再只是快速學習,而是MA能夠確實為組織帶來績效與貢獻。

　　下列依據訪問各家MA所整理的輪調制度概況加以說明,由於每年各家制度都會微調,請視情況而定,參考即可。

過來人怎麼說

花旗

　　花旗MA Mr.A分享,進入MA計畫後所有MA包括個人金融、法人金融、O&T（Operations & Technology）會聚集在

一起進行新生訓練,之後就各自下單位。在個人金融的輪調分為六個部門,每個部門約一到兩個月,分別為信用卡、財富管理、信用貸款業務、保險、客服、中小企業融資,在單位輪調時會負責專案,輪調結束時必須就專案向事業處高階主管報告,這是一項非常結果導向的考核方式。除了輪調期間的報告,也有期中與期末大報告,必須向董事長、總經理等高階主管發表成果,這些成績都會影響考核。

匯豐

匯豐前MT Mr.T 分享,在個人金融的MT計畫裡,兩年會輪調三個單位,每個單位約六到八個月,大致包括以下類別:

1. 通路:例如分行的服務專員/業務職(理專,須背負業績),或是直銷團隊。
2. 產品規畫:有機會進信用卡、房貸、信貸或財富管理商品單位。
3. 業務規畫:例如獎酬、績效管理、服務/作業規畫等單位。

輪調完後,則由公司視缺額分發給MT,每年職缺都不同,MT可以主動打聽哪個單位有缺人,主動向該主管爭取職缺。

渣打

渣打前IG Mr.S表示，在個人金融的IG（International Graduate）計畫，第一年會去四個單位，各待一季，包括：

1. 財富管理客群部門（Segment），依照客戶的資產等級，又分為personal, premium, priority, private。
2. 產品部門（Product），包括房貸、車貸、信用卡產品等。
3. 風險分析部門（Risk）。
4. 作業部門（Operation）。
5. 分行理專（第二年）。

第二年則全部輪調到分行，當理專或櫃員，也須背負分行的業績。第二年的輪調結束後，須通過專案報告考核，才算MA計畫畢業。畢業後則分發到個人金融事業群有職缺的單位，可能是前兩年曾輪調過的單位。

中國信託

中信比較特別的是個別事業群都有招募MA，分工較細，包括法人金融、個人金融、資本市場、支付金融、投資事業、風險管理、經營管理、保險事業等。中信法人金融MA Mr.N分享，以前法人金融MA在結束集體新人訓練後，第一年就會在各單位進行輪調，包括承銷、貿易融資、客戶

關係經理助理、交易室等單位，各約二到三個月。第二年則就法人金融事業群單位選填志願，重點在該單位的主管是否會選擇你。

而須注意的是，在過去法人金融與資本市場的MA是一起的，但近年法人金融和資本市場已經是分開的MA計畫，輪調計畫也不盡相同。

台新

台新MA Ms.P分享，個人金融MA第一年會在四大專業輪調：

1. 產品，包括消費金融貸款產品、理財商品等。

2. 通路，包括分行規畫單位、信用卡募卡單位等。

3. 行銷，財富管理客群行銷、信用卡行銷活動等。

4. 個人金融授信單位，信用卡授信、貸款產品授信、聯徵資料分析等。

第一年結束會有個年度專案報告，結束後分發到各單位一年，分發單位視缺額與主管意願。第二年結束須通過畢業專案簡報才算畢業，通過後就留在原單位服務。

法人金融MA必須經過三個月的專業訓練及考試，通過後才能依照分數與志願分發到各單位，進行約兩年的ARM（Assistant Relationship Manager，客戶關係經理助理）訓

練，第二年結束則可以進行準RM考試，通過後就算MA畢業，獲得晉升為RM的機會。

富邦

富邦MA Mr.O提到，富邦個人金融MA的輪調分為：

1. 業務端規畫。

2. 商品端規畫。

都是約四個月左右，以執行專案為主，協助單位的日常業務運作為輔。第二年後到同一單位一年，分為總行的規畫單位，或是到分行當理專。

萬泰（現凱基銀行）

萬泰MA Mr.H分享，萬泰的MA輪調制度可說是所有MA計畫中最廣最快的，怎麼說呢？透過廣而淺的方式，讓MA在第一年的九個月內，輪調超過十個單位，長則兩週，短則兩天，包括法人金融、個人金融、稽核、催收、電子金融等單位，就算時間那麼短，在每個單位還是必須做報告。這種輪調機制是以非常廣且快速的方式，讓MA了解整個金融業的運作模式，因此才跨越各種不同事業群與單位，算是非常有特色。

　　而在第一年輪調試用期結束後，會進行較大的考核報告，通過了才算MA畢業。再依照當時的缺額和自己的志願來分派到各單位。

國泰

　　國泰GMA Ms.Y表示，各事業處MA會先集中教育訓練二個月。個人金融MA集中教育訓練後，會到兩個分行進行各兩個月的輪調學習，而每一季必須向執行長進行專案報告，完成分行輪調則會分發下單位，可能去前線分行或者總行後勤單位。

　　在法人金融部分，集中教育訓練結束後就下到單位當ARM和產品PM，一個單位約輪調半年左右，一年半後就看狀況分發到確定的單位，也包括海外研習機會。

玉山

　　玉山MA Mr.A分享，玉山MA輪調比較有特色的就是不分事業群，在前半年就會在五大事業單位進行輪調，包括個人金融、法人金融、財富管理、信用卡、交易室等單位，每個單位一到兩個月不等。半年後就分發到各單位，會依據個人志願以及單位職缺狀況綜合判斷。

開發

開發MA Mr. C表示，過去開發MA第一年會在不同事業群裡輪調，包括法人金融、直接投資（創投／私募基金），但現在制度已經改變成面試後就須確定事業群，因此進入MA計畫後，在產業研究部門經過三到六個月的實習，就直接下單位進入各事業群。

一銀

一銀MA Ms.B表示，所有MA第一個月會進行內部教育訓練，結束後全部分發到各分行實習，期間長達一年半到兩年，基本上以大台北區域為主。工作內容則會在分行內輪調各種不同業務，包括理財、外匯、個人金融、法人金融，各約三個月到半年。

在分行近兩年的輪調後，多數MA會被派回總行進行下一階段的輪調，但還是有部分MA繼續留在分行輪調，而能去到哪個單位，會參考個人意願、輪調時期工作表現與個人特質，最終由分行經理決定，不一定有機會去到自己想去的單位。

彰銀

彰銀MA Ms.H分享，第一年都在分行輪調，工作包括：

1. 台幣櫃台一個月。

2. 外幣櫃台三個月，包括進出口，外幣匯入匯出。

3. 法人金融業務三個月，從事客戶關係經理助理（ARM）工作。

4. 個人金融業務三個月，銷售貸款、信用卡、保險等商品，須背負分行業績。

第一年輪調結束後就算畢業，會舉行一項畢業專案報告，決定是否通過MA考試。至於第二年分發，大部分留在分行，如果想進入總行單位，則必須透過內部徵才方式面試，以決定是否可以進入總行單位。

表十四　各MA計畫輪調規畫（訪問整理，僅供參考）

金融機構	輪調深度（各單位輪調時間）	輪調廣度（輪調單位數）
花旗	1~2個月	個人金融：信用卡、財富管理、信用卡與貸款業務、保險、客服、中小企業
匯豐	6~7個月	個人金融：通路、產品規畫（信用卡、貸款、財富管理）、業務規畫
渣打	3個月	個人金融：財富管理客群部門、產品部門、風險分析、作業部門分行
中信	2~3個月	法人金融：承銷、貿易融資、客戶關係經理助理、交易室、現金管理等單位
台新	3個月 18個月	個人金融：產品、通路、行銷、授信單位 法人金融：客戶關係經理助理
富邦	4個月	個人金融：業務端規畫、商品端規畫、分行
國泰	2個月 6個月	個人金融：分行（須輪調2個分行）、總行單位 法人金融：客戶關係經理助理（須輪調2個部門）、產品單位，包括結構融資、聯貸、國外部門等

金融機構	輪調深度（各單位輪調時間）	輪調廣度（輪調單位數）
萬泰〈現凱基銀〉	2週～2天	法人金融、個人金融、稽核、催收、電子金融等
開發	3～6個月	直接投資：產業研究部門
玉山	1～2個月	個人金融、法人金融、財富管理、信用卡、財金處
一銀	3個月	分行：理財、外匯、個人金融、法人金融
彰銀	1～3個月	分行：台幣櫃台、外幣櫃台、法人金融業務、個人金融業務

第13講　MA計畫中如何打考績？

　　多數MA適用的制度不同於一般員工，但過程中經歷的考核只會更多，不會更少。而考核種類大致有以下幾種：

1 各單位輪調成績

　　上面輪調主題提過，前兩年會經歷多次的單位輪調，而輪調期間會由部門主管或帶你的資深同事，視你在單位的表現打考核分數，考核標準包括積極主動學習、幫助部門解決問題、達成的業績、證照考試等。

2 專案報告成績

　　多數MA計畫必須在輪調期間，製作專題報告，並對主管簡報，主題不外乎是發現公司哪些重要的問題，並且透過系統化分析，為公司提供哪些好的解決方案。主管可能高至董事長、執行長，也可能是單位的處長或部長級主管，視各家MA計畫規畫而定。專案報告非常重要，不僅是帳面上的成績，而且是高階主管對你留下印象的重要時刻，所以專案報告也會是很大的壓力來源。

③ 人力資源單位評比成績

通常MA計畫都會受到人力資源（HR, Human Re-source）單位的特別照料，包括特別的新人訓練、MA包班集訓等，因此MA和HR的關係是密切的，HR也會貼身觀察MA的表現打分數，而主管們也經常會參考HR對MA的評論。

當然，每家MA計畫的考核制度不盡相同，但上述所提的幾項考核依據，都會影響後續，包括MA淘汰與否、年終獎金、分發單位、每年加薪幅度、升遷等重要議題。

考績？腦闆愛你就好

腦闆：
要打考績了
你今年做了什麼事…
說來聽聽

腦闆：
很好
考績優等！

菜比巴MA：
腦闆，我排到江蕙的票了！

第*14*講 分發下單位，天堂地獄一瞬間

在第一年或第二年頻率較高的輪調實習後，就會分發下單位進行較長時間的輪調工作。因此下單位喜不喜歡或適不適合，就非常關鍵了，主要有兩點原因：

① 待的時間久

不像實習輪調短則幾週，長則一季，在怎麼不適合或不喜歡都可以忍耐撐過，下單位就是半年、一年，如果在不喜歡或不適合的單位，要撐這麼久的時間會非常痛苦。

② 決定發展的領域

下單位後，將會深入進入該領域發展，很可能會決定未來你在金融業發展的職涯規畫。例如，你立志進交易室當個交易員，但卻被分發到法人業務單位從事客戶關係經理助理，那是截然不同的工作領域，而且往往一深耕下去，是很難轉換領域的。

因此，分發單位會對往後的職涯發展至關重要，是天堂或是地獄也在那一刻決定。據觀察，很多MA都是在分發下

單位後，因為到了自己不喜歡的單位，因而離職。所以你認為，分發到哪個單位重不重要呢？

 過來人怎麼說

　　開發金MA Mr.W分享經驗，不是每個人都可以分發到自己的第一志願，如果真的分發到自己不想去的單位怎麼辦？其實不急著憤而離職，可以先試著讓自己找到成就感，喜歡上現在的工作，然後持續觀察是否有再次換單位的可能性，並當機會來臨時積極爭取。

　　Mr.W本來分發到法人金融，個人不是那麼喜歡，但持續等待機會，結果後來真的有個機會可以轉到喜歡的部門，這就是機緣，給自己一點時間，想清楚並多點耐心，可能機會就會來敲門。

　　以下提醒兩個決定分發單位的關鍵因素：

一、讓老闆「愛」你

　　上一講提到很多考核方式，會影響你分發的單位。但其中最關鍵的因素，還是老闆，這個老闆指的是真正能夠決

定要不要聘用你的老闆，所以至少幾乎都是事業部門主管等級，或甚至是執行長、董事長等。而這裡的「愛」指的是：老闆喜不喜歡你，老闆對你有沒有印象，老闆認為你適不適合留在他的單位，如果以上皆是，那成功率就很高了。

因此，比較積極的做法是，打聽你想去的單位有沒有缺額，有的話，就想辦法向老闆表達你很想去該單位的企圖心，包括約老闆吃飯聊聊你的期待，或在專案報告時就研究與該單位有關的主題，並且提出很好的解決方案，讓老闆覺得你具備即戰力，預期可為單位帶來貢獻，因此留下好的印象。記住，這都是自己可以爭取的，端看企圖心有多強。

過來人怎麼說

　　花旗MA Mr.A分享，要讓老闆「愛」你其實就是向上管理的展現，尤其當大家都很優秀，透過非正式場合去爭取公事上的資源，也是一種另類的戰場，例如，和老闆約午餐就是很重要的時間，讓老闆認識你、肯定你，並積極爭取你想要的，但前提是一定要說到做到。

二、讓HR愛你

　　HR在分發單位時也是關鍵角色，因為HR長時間觀察MA的表現，對於MA適才適所狀況會有所評量，因此分發時主管往往會參考HR的建議。所以平時就要和HR建立良好的關係，積極釋出你很想去哪個單位的訊息，甚至可以打聽到哪些單位有缺額，建立好關係，會讓你享有更多的資源。

第*15*講　如何快速適應新單位、新業務？

　　MA計畫的輪調制度雖然很有價值，但也帶來很大的挑戰。其中一項是在輪調期間快速適應新環境，可能每三個月就要換一次新環境，包括業務才剛上手，同事才剛熱絡，就要離開了，然後再重新一次適應新的環境，其實非常辛苦。

　　因此要適應的好，有幾個關鍵因素：

❶ 建立MA學長姊的關係

　　在輪調各單位時，往往都會遇到分發到該單位的資深MA學長姊，此時這些學長姊會是你最大的後盾，因為學長姊也都是這樣經歷過來的，你會遇到什麼困難和問題，他們大概都知道，因此，不論是在工作上或人際上，一定要和學長姊建立好關係，就比較容易得到協助。

　　但還是要注意幾件事：

　　（1）學長姊的逆襲

　　雖然大多數學長姊都很樂意幫忙，但是也有些學長姊把學弟妹視為威脅，不僅不想幫你，甚至在背後捅你一刀，這些事都時有所聞，千萬要注意。

　　（2）別讓MA身分成為標靶

　　通常，MA容易和同梯以及MA學長姊混在一起，因為彼

此的話題與經歷相似，這無可厚非。但千萬不要因此形成小團體，畢竟MA在公司裡是少數的特殊族群，不要因此被貼上MA小團體的標籤，讓其他同事認為MA只和MA來往，這對工作上或人際上都沒有好處。因此，別只和MA走得勤，積極和其他同事打成一片，對工作和人際關係會更有幫助。

② 找到關鍵人物

其實只要仔細觀察，就可以發現部門中哪些人是關鍵人物，他可能很了解組織內部的來龍去脈，知道組織裡的權力分布與政治關係，也知道主管或同事喜歡什麼、不喜歡什麼，或是他很資深，對該項業務領域的了解非常全面。只要發現這些關鍵人物，勢必要和他建立好關係，就算透過簡單的聊天，也能獲取大量有用的資訊，這些都可以讓我們避免初來乍到就踩到地雷，並且加速學習曲線，更快上手。

③ 吃虧就是占便宜

這個態度很重要，尤其你是MA的身分，又是新人，很多「鳥缺」、「賽缺」都會掉到你頭上，但除非真的很不合理，否則不要輕易拒絕。因為這是考驗你身段和積極度的時候，尤其MA就是背負著原罪，薪資比較多又享有比較多的資源，理所當然被其他人認為要多做一點事。因此，新人剛到單位，要抱持吃虧就是占便宜的態度，多做一些沒關係，

要用積極表現讓其他人閉嘴,建立你在單位良好的形象。

　　雖然很多時候甚至與工作沒有關係,例如,尾牙表演、幫老闆慶生等,但是換個角度想,其實也是一種在老闆和同事面前提升能見度的機會,只要好好把握,都是幫新人加分的好機會。

賣藝不賣身的MA

腦闆：
又要尾牙表演了
你們誰要去？

無良同事：
叫MA啊！
不是什麼都會好棒棒嗎？

菜比巴MA：我準備好了！
（OS：X！又是我！
已經連續跳五年了！）

第*16*講　聽說MA工作很操？

運氣很重要

這問題其實跟當兵下單位操不操一樣，答案是看運氣！不同的公司、單位、主管都有很大的差異。而且個人的時間管理也是個重要因素，有人在很輕鬆的單位卻常常很晚下班，有人在很操的單位卻能準時下班，端看個人是否能有效率地處理每天的工作。

泛公股銀行下班最穩定

但整體而言，泛公股銀行的下班時間較規律，民營、外商銀行就多為責任制，相對下班時間較晚。此外，一般來說，只要與業務相關的工作，因為較動態又有業績壓力，通常會比較晚下班。但實際狀況還是視各工作而定。

過來人怎麼說

　　在公股一銀的Ms.B分享，在泛公股銀行的確下班時間很穩定，很多人平均六點前下班。相較之下，本土民營和外商銀行各單位差異很大，台新MA Mr.H觀察，在台新法人金融平均下班時間是晚於個人金融的，但中信MA Mr.N則表示在中信平均而言，個人金融下班時間比法人金融晚。因此，工作操不操會跟單位文化、主管風格、個人做事方法等相關，沒有一定的答案。

　　彰銀MA Ms.Z認為下班時間穩定，工作外可運用的時間多，是泛公股銀行的一大優勢，也是CP最高的地方。像彰銀就有所謂「百萬櫃檯媽媽」的現象，高職等的資深行員年薪百萬，卻要求擔任櫃檯的基層工作，因為可以準時五點下班去接小孩，追求工作與生活的平衡。但這在民營銀行及外商銀行基本上是不可能發生，領多少薪水就會對應到適合的工作內容。

MA外務多

至於MA會比一般同仁晚下班嗎？ 其實單看業務內容，並不會產生這樣的差異。但不可否認的，除了工作本身，MA相較其他同仁必須負擔較多的雜務，例如，尾牙表演、公司內部競賽、公司活動安排等等，也因此比較晚下班是可以預期的。且就筆者觀察，有不少MA自我的要求頗高，因此，會花更多時間希望將工作做得更好，理所當然下班時間會比較晚。

同為MA不同命

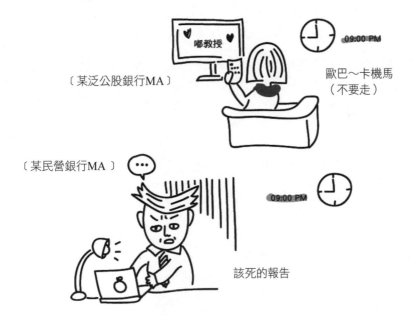

〔某泛公股銀行MA〕

嘟教授

09:00 PM

歐巴～卡機馬
（不要走）

〔某民營銀行MA〕

09:00 PM

該死的報告

四

發展篇

第17講　MA的升遷真的比較快嗎？
第18講　啟動外派人生
第19講　成名代表作，打造個人品牌

第*17*講 MA升遷真的比較快嗎？

在MA計畫中站穩腳步，避免被淘汰後，接下來面臨的重大課題就是：如何在組織中持續發展，獲得比別人快的升遷與加薪機會。除了起薪較高，MA計畫吸引優秀人才前仆後繼加入的另一個重要原因，在於享有比一般員工更快的升遷機會。這是真的嗎？相信很多人抱持著懷疑的態度。

贏在起跑點

整體而言，MA的確是贏在起跑點，在剛入行的職級通常會掛的比一般同仁高，且給予相對應較高的薪水。此外，在往下一個職級晉升的速度也會較一般同仁更快，但須注意的是，這樣的好景大多僅限於MA計畫的前兩年，也就是MA計畫尚未畢業前，MA的光環的確有效。但畢業後，就真的各憑本事了！

過來人怎麼說

以下就訪問各家MA的經驗來看,MA是如何贏在起跑點:

花旗

MA Mr.A表示,在進入花旗MA計畫後,第一年是掛MA專員,到第二年升到Assistant Manager(襄理),如果順利通過考核,第二年結束則有機會可升到Manager(經理),相較一般行員仍然是比較快的途徑。而花旗MA在畢業後續的快速升遷也時有所聞,有任職最快三到四年的優秀MA掛上VP(Vice president, 副總裁)的職稱。不過要注意的是,外商的職稱普遍掛得比較高,例如,雖然在外商掛著副總,但可能實際上所賦予職權等同於本土銀行的經理職,因此,還是要看實際上的權責歸屬而定。

匯豐

Mr.T指出,MT一進入匯豐銀行就是掛經理職級(Manager),兩年後如能順利自MT計畫中畢業,就能維持經理的職級,薪資也會依據最終職位一併調整。相較下,一般員工入行須從Staff的職級開始,再向上升到Supervisor或Manager的位置,約須多花兩到三年的時間,也就是説MT至少在起跑點上會快兩倍以上。

渣打

MA Mr.S表示，在渣打如果是LG（Local Graduate），升遷會比一般行員快速，MA在一年半的MA計畫畢業後，基本上就掛副理，算是基層主管的缺，如遇單位有缺，有可能很快升上經理級主管。

而如果是IG（International Graduate），兩年的MA計畫一畢業就是經理職位，月薪超過70K，等同於基層主管的位置，但不一定會馬上擔任管理職帶人，而只要一有機會，MA會是優先人選。

中信

MA Mr.N分享，MA只要通過第一年的考核，就可以升到襄理，且有一定幅度的調薪。如果能通過第二年的MA考核，也就是MA計畫畢業，可升到經理職位，並享有再次調薪，在業界來說算是非常快的途徑。相較之下，一般員工就算表現好，從專員升遷到襄理約兩到三年，襄理到經理約兩到三年，最快也需要四到六年的時間，因此MA可以說做兩年抵別人四年，的確是在起跑點搭上特快車。

台新

MA Mr.H分享，台新MA在通過半年的試用期後，就可從專員晉升到襄理，但其實只要排名前幾名的國立大學研究所畢業的一般新進員工，也同樣半年通過試用期就可以晉升到襄理，因此MA可説並沒有特別的禮遇。但如果不是排名前幾名的研究所或是大學學歷，從專員升到襄理可能就需要兩年以上的時間。

國泰

GMA Mr.M分享，MA入行後直接掛高專，但一般研究所學歷入行是掛中專，大學學歷則是掛初專，而一般中專升遷到高專約要三年，等於MA比一般研究生快了三倍，比大學生更快了五倍。而MA表現順利的話，也能在一年半從高專晉升襄理。

富邦

MA Mr.O分享，MA在一年過後，就可以升到襄理職位，如果是一般行員，可能需要兩到三年的時間。但晉升到襄理後，下一階段的副理和經理，就不保證MA特別快，必須各憑本事了。

玉山

MA Mr.A表示，新進MA從專員最高等級專一開始，接著依序升到助理襄理、代襄理、襄理，每一階段MA大概須花一年到一年半的時間。但一般員工每一階段的升遷約須花兩年，所以MA晉升到襄理的時間確實比較快，但之後就要看個人造化了。

開發

MA Mr.J分享，MA在經過一年的輪調後，如考核通過，就掛副理，接著順利的話，再兩到三年升到資深副理，再兩到三年升到經理，每年幾乎都有穩定的加薪幅度。但如同前面所分享，開發金由於招募的新人不多，而新人幾乎都是MA，因此MA並沒有享有特別的優勢，這也是比較特別的地方。

萬泰（現凱基銀）

前MA Mr.H表示，萬泰MA一入行是掛專員，半年就升到副理，再半年升資深副理，算是非常快。因為相較一般行員，專員要升遷到襄理就需兩年的時間，襄理到副理到資深副理，各需兩年的時間。等於一般行員花六年的時間，MA

花一年就可到達。也有看過MA學長表現好的，第四年就升經理，算是升遷非常快。

一銀

MA Ms.B分享：公股銀行升遷的路徑是相當透明的，相對也就顯得很制式，從高辦—初專—中專—高專—副理—經理等職級，一路上需要花多少時間都滿清楚的。MA在一銀的優勢在於，剛入行從高辦升到初專只需一年，但一般員工至少需要兩年，因此算是兩倍快速的路徑。不過除此之外，MA並沒有特別的優勢，從初專往上升每一個職級，最快也需兩年時間，與所有員工相同，就是各憑本事了。

彰銀

MA Ms.Z分享，MA一入行就是掛七職等，但是一般行員入行是掛五職等，而升一個職等在彰銀快一點也需要兩年的時間，等於MA比一般行員快了四年。但起步快之後，後頭的升遷則視個人的考核而定，包括：個人業績、考取證照、整體分行業績等綜合性考量，MA就不再享有特別的權益了。

各家制度不同，別橘子比蘋果

其實各位可以發現，各家金融機構的制度，包括職級與職稱的設計都不同，因此拿某一家去與某一家比，例如，比較某家兩年就升經理比較快，某家兩年才升副理比較慢，其實是沒有太大意義的，因為每一家經理的定義與職掌可能不同，相互比較如同橘子比蘋果，比不出客觀的實際價值。因此，只要參考各公司職務的流動性就好，是不是會因為表現好而有向上升遷的機會，這才是比較重要的。

表十五　各家MA升遷路徑（訪問整理，僅供參考）

金融機構	路徑	比一般行員快
花旗	MA（1年）→Assistant Manager（1年）	N/A
匯豐	一入行就是Manager	約2~3倍
渣打	LG：1.5年畢業就是副理 IG：2年畢業就是經理	N/A
中信	MA（1年）→襄理（1年）→經理	約2~3倍
台新	專員（6個月）→襄理	約2~3倍
富邦	MA（1年）→襄理	約2~3倍
國泰	高專（1.5年）→襄理	約3倍
萬泰 （現凱基銀）	專員（6個月）→副理（6個月） →資深副理	約6倍
開發	MA（1年）→副理（2~3年） →資深副理（2~3年）→經理	無
玉山	專一（1.5年）→助理襄理（1.5年） →代襄理（1.5年）→襄理	約1.5倍
一銀	七職等高辦（1年）→八職等初專	約2倍
彰銀	七職等（2年）→八職等	約4倍

畢業後，看個人造化

多數MA計畫都是兩年，上述的升遷路徑，其實只能看出MA在兩年計畫內，比一般行員快的過程。多數MA前輩都表示，MA計畫畢業後，就看個人造化了，但可以保證的是，MA的身分一定會讓你有更多的曝光機會、更多的舞台去表現，有時甚至想躲還躲不掉，常常老闆只要遇到困難的案子，十之八九會指派給部門內的MA去做，但是能不能把握機會，就看個人造化了。

其實，MA身分只能保證給你足夠的舞台，給你更好的起跑點，但並不保證你從此就飛黃騰達。很多時候我們還發現，很多非MA的表現比MA更好，在未來升遷的速度還更快，所以千萬別天真地以為，身為MA就可以因此一路順風，而是必須比別人更加努力，因為在背後等著看你摔落舞台、看你笑話的人，比比皆是，絕對不可以鬆懈。

升遷特快車

菜逼巴MA:
腦闆,我什麼時候可以升主管?

腦闆:
好,先去領號碼牌

〔MA學長姐〕

149

第*18*講 **啟動外派人生**

是否將外派或在海外工作納入自己職涯發展的規畫中，其實見仁見智，去或不去的理由可能也不盡相同。但可以確定的是，以金融業來説，外派的需求會與日俱增，如同先前提到，政府政策鼓勵金融業走出去，積極開發海外市場，近期更以金融亞洲盃為目標，所以可以看到許多金控開始積極布局海外市場，尤其是亞太地區，不論你想不想外派，這樣的趨勢你都必須了解，尤其以MA的身分，在組織裡絕對是被靈活運用的活棋，因此，外派將是職涯發展中所不可忽視的議題。

過來人怎麼説

如果你想外派，千萬要了解各銀行對於外派的規畫；而如果你不想外派，更要知道哪些銀行的外派機率很高，千萬別觸雷。以下，就各家MA分享公司對外派的規畫：

花旗

MA Mr.A分享，其實在台灣花旗，外派的機會不是那麼高，尤其相較新加坡、香港、印度花旗，台灣外派輪調到其他海外據點機會較少，這點從亞洲區域總部高階主管是台灣籍比例較低可以看出。主要原因是台灣主管比較不喜歡放人，因為MA對主管來說都是很耐操、好用的人才，好不容易培養出能獨當一面，一旦外派要重新找人不容易。

匯豐

Mr.T分享，在MT畢業累積幾年經驗後，會有機會申請公司內部的海外Short Term Attachment，雖說非MT也可以申請，但MT的機會比較大。主要會在亞洲區包括印尼、香港、中國等地，進行約兩到六個月外派輪調，須直屬主管與事業部主管同意才可申請，比例上約5～10%的MT參與。

渣打

前IG Mr.S表示，在渣打法人金融體系，HR會安排全球各分公司的職缺，推薦法人金融的IG去應徵。但是從2013年開始，外派的機會須靠IG自己尋找與爭取，包括內部網站公告，或來自其他國家同事的消息等。

個人金融IG在兩年畢業後，HR會推薦優秀人選外派，每年人數不一定，必須和其他國家的IG競爭，應徵各國所開出來的職缺，之前有人去馬來西亞，也有人去上海。但是可以試想，當開出來的缺是在非洲時，考慮生活環境與當地薪資，這外派機會接不接受，就值得考慮了。

中信

MA Mr.N分享，公司定期會調查外派意願，當然語言能力普遍較好的MA，機會也就相對大。接受外派之前，要先想清楚想去什麼國家、做什麼業務、什麼時間出去，這會影響到未來職涯的規畫，以及薪資福利的安排，各地的補貼加給狀況不同，香港、新加坡薪水是台灣的1.6到1.7倍。

但須特別注意的是，一旦外派，就要有心理準備展開持續的外派人生，因為一旦被老闆定位成拓荒市場的好人才，一定會持續善加利用，在某地完成階段性任務，可能繼續被派到下一個市場。

Mr.N也提醒，可以的話去先進國家，例如香港、新加坡、大中華區等，對未來轉職的能見度是較高的，尤其未來有志朝向海外市場的外商發展，更該如此。

台新

MA Mr.J表示,台新在外派機會是比較少的,海外據點較少,而外派機會,又多為法金或租賃相關業務,在香港和中國有比較多機會。但未來計畫在東南亞、日本、澳洲持續擴展據點。

國泰

GMA Mr.M表示,先不論外派,出國出差的機會就相當多,包括到海外協助評估購併目標,或是法人金融業務去客戶位在中國的公司拜訪。而外派機會不少,金控高層更直接說明GMA就是要具備良好的國際觀、外派的即戰力,近期在東南亞市場有許多機會,如果不想接受外派,就得想清楚這樣的MA計畫適不適合自己,以免屆時徒增困擾。

富邦

MA Mr.O分享,富邦雖然有外派機會,但是與MA身分沒有太大關係,到目前為止MA外派人數還不多。富邦金控雖然海外據點多,但各自之間的獨立性高,外派輪調相對比較不容易。

玉山

MA Mr.A表示，近年來玉山積極布局海外，外派機會不少，尤其MA更常被長官鼓勵挑戰外派，外派地點除了香港、新加坡，東南亞及未來澳洲等據點都有機會。想爭取外派，必須經過公司內部的徵選申請流程。

開發

MA Mr.W分享，外派須看機緣，像最近因為開發金與國外資金共同成立投資基金，據點設在中國，未來的案子也會以中國為標的市場，因此就有外派台灣員工支援的需求。除了外派，開發金有很多出差機會，尤其投資項目中很多案子都在中國及東南亞，一個月出差國外兩次以上是稀鬆平常的事，要有過人的體力才有辦法負荷。

一銀

MA Ms.W分享，在一銀有兩個外派計畫；分別是：海外人員計畫與大中華區計畫。這是行內的公開資訊，條件為須入行兩年以上才可以申請，有意願者都可自行申請，經過履歷篩選和面試後即錄取。一般來說，在海外據點都必須具備徵授信經驗，如果缺乏相關經驗，還須在國內分行或相關單位補足相關經驗才能外派。

如同中信Mr.N所提到，選擇外派之後，就不容易回到總部，可能會在不同的海外據點持續輪調，這點也是有志於海外輪調的人必須想清楚的。

彰銀

MA Ms.Z分享，不同於MA計畫，公司針對外派有一個儲備外派的計畫，全行員工都可以申請，條件是必須通過特定的英文檢定，其實門檻不會太高，通過門檻就有機會進入面試。基本上，MA須入行兩年後才可以申請，而長官也會鼓勵MA積極申請，因為一般行員的申請意願相對沒那麼高，而通常海外的派駐合約是三年一簽。

外派人生

第19講 成名代表作，打造個人品牌

　　隨著自MA計畫畢業後，MA的身分也變得不那麼特別，之後的發展重點在於如何融入組織的運作，深耕自己感興趣的領域，樹立起專業的形象。如果能負責重要專案，建立自己的代表作，絕對是讓大家快速認識你及肯定你的好機會，同時也能一步步形塑個人的品牌，突顯自己在組織裡的不可取代性。

找出興趣與能力相符的領域

　　相較於前一兩年輪調期間較廣而淺的學習，MA計畫畢業後，最好能盡快確定自己在金融業想要深入發展的領域，並全心全意地投入，讓自己在最快的時間內，成為這個領域的專家。

　　我們可借鏡加拿大暢銷書作家葛拉威爾（Malcolm Gladwell）所提出的「一萬小時的黃金定律」，他探討傑出人士為什麼會與眾不同，發現不論任何領域，只要經過一萬個小時的不斷練習，就有機會成為頂尖高手。這裡有兩個重

點,一個是投入同一領域,一個是不斷練習,雖然一萬小時有點誇張,但表示:要投入夠多,累積足夠的經驗,才能在一個領域大放異彩。

這道理也可以運用在工作上,當我們專注在某一領域,且認真地投入,一開始可能沒有人注意到,但慢慢的就會出現口碑,也有一定的專業基礎,這時只缺一個代表作或是機會,來獲得大家的肯定,但是這機會有時強求不來,它是一種機運,然而確定的是,「機會是給準備好的你」。當開始累積代表作,別人對你的印象也會越來越深,下一階段更重要的任務,就是發展個人的品牌。

建立個人品牌

你有什麼特徵或強項,會讓同事或長官想到你?如果他們無法在短時間內清楚描述你的形象,無法想起你負責什麼業務,這代表你的個人形象和品牌是模糊的,是讓人難以記住的,在你的專業領域尚未樹立獨特或權威的形象。

個人品牌有什麼重要性呢?非常重要。它就像一面鏡子,當老闆年終打考核、分紅,公司有重要職位出缺誰是候選人,重大專案交給誰來執行,公司裁員想到誰,這面鏡子就會反射出老闆對每個人的印象,也就是個人品牌,所以個人品牌就等同你在組織裡的價值。

　　如果能做到讓別人說：「原來那個案子是你做的，好厲害！」、「想到行銷企畫，找XXX就對了。」、「講到公司的Top Sales就是XXX啊！」代表你個人品牌那面鏡子的反射能力很強，大家都能夠記住你，而且清楚知道你的特色與強項，那當然你在該領域被重用的機率一定很高，同時會有更快升遷的機會。

職涯篇

第20講　加入MA就一帆風順？先把老闆變伯樂

第21講　MA不是唯一，還有更多好選擇

第22講　金融業MA是甜蜜的毒藥？

第23講　為跳槽做好準備

第20講 加入MA就一帆風順？先把老闆變伯樂

　　常常有人會問，是否加入MA計畫就代表一帆風順、不愁吃穿，晉升高薪一族、人生勝利組？答案：部分是，部分不是。當錄取MA時滿腹抱負，的確會有這樣很浪漫的想法，可惜就像買大樂透一樣，選完號碼總開始幻想中獎後的美妙人生，但很快就會被打回凡塵，面對現實。

　　就像先前所提到，MA只保證你比別人有更快的起跑點，但不保證你能快速成為公司的明日之星；MA只保證你會有更多的舞台表現，但不保證你的表現一定會被老闆看到；MA只保證你一開始領著比別人高的薪水，但不保證你能因此致富。

看看你的MA學長姊，想想你的未來

　　究竟，加入MA計畫後，該對未來職涯抱持怎樣的期待呢？其實有個很簡單的觀察方式，那就是觀察MA學長姊的職涯發展路徑。看著你的學長姊或是主管，你就可以略知未

來的你會是什麼樣子。

　　例如，你很有抱負地訂下目標：在兩年當上經理、四年升上主管、十年成為部門最高主管。但觀察在位的主管和學長姊後，卻發現幾乎沒有人達成過，那你就必須思考是否該修正目標了。因為在大組織內，尤其像金融業這樣層巒疊嶂的組織設計，為了維持組織穩定性，所有變動都是常態分配，只有極少數的例外情況，所以多數人的情形，也很可能就是你的情形，當然如果你是皇親國戚，那另當別論。

過來人怎麼說

　　台新MA Mr.J分享，建議可以把幾位優秀的學長姊前輩作為仿效的目標，看看學長姊花了多久時間才到現在的位置？再衡量自己有多少實力，跟學長姊的差距有多少，該如何加強，當這些都做到後，就可以期待自己應該在的位置。

　　但還是必須考量時空背景和其他因素，例如曾經有MA學長姊在三年內就當上主管，算是非常快速，但當時的背景是2008年金融海嘯，整個經濟環境非常糟糕，組織面臨重要的調整危機，因此有了時勢造英雄的機會。當回到風平浪靜的太平盛世，是否還有這樣的機會，就很難說了。

自詡為千里馬，請跑給伯樂看

想要職涯一帆風順，有賞識你的老闆絕對是必要條件。但多數人都是被動地等待伯樂出現及賞識，但換個角度想，能不能主動出擊，將你的老闆變成發掘你的伯樂呢？此時，做好對老闆的「向上管理」就是一大關鍵。根據經驗，以下四大重點供你參考：

➊ 做的比老闆期待多一點

首先，必須知道老闆對你的期待與目標為何，這需要經過良好的溝通與討論，當老闆對你的期待為80分，你做到80分就只代表及格和堪用。如果你能做到90分、甚至100分，超出期待的部分，就形成老闆對你滿意度的來源。只有超出期待，才會留下滿意的印象，我們不求每次都超標太多，只要每次都超過一點，就能建立老闆對你的好印象。

➋ 定期報告進度

多數人都認為埋頭苦幹、認真把自己的事做好就好，老闆自然會看見。但事實上常常事與願違，老闆日理萬機，要他主動留意你做了什麼，倒不如自己主動定期向老闆報告進度，暗示你做了哪些豐功偉業。不管好消息或壞消息都要主動報告給老闆知道，這是一種溝通與尊重的過程，最重要的是讓老闆知道你做了些什麼，並且讓他掌握狀況。

③ 積極的態度

例行的工作再多，也很難累積你的績效，讓別人留下印象，只有當特殊的任務或難題出現，主動勇於承擔，完成任務，展現積極的態度與能力，才能讓別人看見你這隻千里馬有多會跑。所以當看似「賽缺」出現時，千萬不要覺得自己衰，這可能是表現千里馬馬力的好時機。

④ 讓老闆放心與信任

其實只要做到以上三點，自然就會讓老闆放心與信任，而這也是成為老闆愛將的最重要因素。只要老闆對你產生信任，你的無可取代性就出現了，升遷加薪也就指日可待了。

過來人怎麼說

中信MA Ms.W 算是在進入MA計畫後，一帆風順地展開職涯前半段，前兩年順利通過MA考核，順利升上經理。並且在老闆賞識之下，第三年就獲得超過10%的加薪幅度，在職涯第六年、第七年，年薪超過NT$ 150萬是可期待的，如果加上外派加給，離NT$ 300萬也不遠了。所以只要表現好，加入MA計畫，的確可以期待前程似錦的職涯發展。

猜不透的腦闆

腦闆：
　　我要效法柯P新政
　　　你們皮都給我繃緊！

賣鬧啊！

腦闆：
　　大家休息一下
　　　來訂下午茶吧！

三天後

嘖！
我真的猜不透你啊老闆

第21講　MA不是唯一，還有更多好選擇

　　其實這本書的目的不是一味要大家都來申請MA，如果你已經很明確的要進入金融業，那恭喜你，很早就找到自己的目標，也絕對推薦你申請MA計畫，讓你的金融業職涯有個好的起點。

因不了解而進入，卻因了解而離開

　　如果你還不確定你的興趣和未來的發展方向，建議在學生時代就能透過實習多方嘗試，找到自己的目標。實在不建議申請MA只是為了起薪高、優越感、大家都擠這行我也跟隨，諸如此類的原因。實際上，真的很多人是為這些原因而來，也就發生「因不了解而進入，卻因了解而離開」的憾事，所以前面也提到，MA自願離職的比例其實比被淘汰而離職的比例高很多，如果真的發現金融業MA不是你想要的職涯發展，應儘早發現並停損離開，找尋自己的天分所在，一點也不嫌晚。

　　此外，很想成為金融業MA，卻不得其門而入的求職者們，其實不用氣餒，還有其他更好的選擇，MA其實也沒想像中好，例如：

1 薪水不錯，但無法致富

　　對MA來說，年薪百萬不是難事，但如果要快速累積財富，MA肯定不是首選。律師、法官、機師、工程師、各行各業的超級業務員等，收入可能都勝過金融業MA。千萬不要只是為錢而來，否則可能會讓你失望。

2 受矚目，但升遷不如想像中快

　　如果有企圖心想要在年輕時就發揮自己的影響力，快速嶄露頭角，金融業MA恐怕也會讓你失望了。金融業是個相對保守、封閉的產業，組織設計層層疊嶂，重視風險甚於創新，因此承擔責任的層級會拉得比較高，要能獨當一面的門檻也相對高。只要觀察就可以發現，金融業初階主管的年齡大於其他產業，檯面上的人物更大都是白髮蒼蒼，因此年輕人要快速出頭，真不容易！

　　如果想要快速獨當一面，追求極高的成就感，老實說金融業不太適合，去新創事業或自己創業反倒是更好的選擇。

過來人怎麼說

　　曾是花旗MA，現在身兼知名作家與創意課程顧問身分的「火星爺爺」分享，發現自己的熱情與最強天賦所在，持續擦亮它，才是發光發熱的不二法門。

　　在二十年前進入人人稱羨的花旗銀行MA計畫，領著高於同儕的薪資，頂著外商光環，但這些並沒有讓他沖昏頭，反而不斷聽到內心最深處的聲音，告訴自己最愛的還是廣告行銷，在銀行不是最好的舞台。

　　因此毅然決然的放棄花旗的MA工作，選擇降薪40%到滾石唱片從事行銷，發揮創意、行銷、商業文字駕馭能力的天賦，也因此在唱片郵購市場一戰成名。後來輾轉進入蕃薯藤網路產業，更將說故事的能力發揮到淋漓盡致，見識到網路病毒行銷的厲害，以火星爺爺的稱號，在當時掀起網路轉寄的熱烈回響，這樣的能力也因此將火星爺爺因緣際會地帶入創意課程顧問的產業，並闖出專屬於自己的漂亮職涯。

別羨慕不適合自己的路

　　火星爺爺也表示，當初同期的花旗MA，還留在金融業的多數都已身居要職，其中還有一位大名鼎鼎的花旗（台灣）銀行董事長管國霖，他三十六歲就勝任花旗消費金融負責人，並在短短十七年升任台灣區董事長。但問火星爺爺會不會後悔沒有留在花旗銀行發展，火星爺爺堅定地說：「不會，因為那不是自己的路，不要羨慕別人，我們看到的都是別人亮麗的表面，背後歷經的辛苦不一定是自己想要的。」

　　這是必須深刻了解自己才能如此堅定，否則我們往往一味地羨慕別人，卻看不到別人背後的辛勞。

　　火星爺爺除了在創意領域闖出自己的一片天，滿足了自己的成就感，收入也不輸給金融業的高階主管。火星爺爺的經歷告訴我們：只要聽從自己內心的聲音，發現自己的天賦，上帝會帶領我們到「對」的位置。同時也鼓勵，現代年輕人其實能運用的工具很多，如果沒有喜歡的工作，那就自己去創造吧！

尋找適合自己的職涯發展

史丹佛大學教授Tina Seelig在《真希望我20歲就懂的事》一書曾提到，找到自己的興趣、能力和市場需求的交集，就有機會找到自己的立命之處，這也是一個很好的架構用以判斷自己未來的職涯發展。

圖七 職涯發展的交集點

參考資料：Tina Seelig,（2009）

①能力

客觀上，某種能力大家都覺得你表現得很好，就像天賦，你天生就是做得比別人好。

②興趣

主觀上，自己喜歡做的，內心的聲音會誠實地告訴你。

③ 市場

工作的前景與錢景，代表著市場性，也就是在市場上，別人願意付你多少錢來做這件事。這三者之間能夠產生交集是最完美的，少了任何要素都很可惜。

當缺少「能力」這個要素會很辛苦，因為在職場上的表現難以出眾，例如對於當律師很有興趣，律師也是具有市場需求性的工作，但無奈怎麼都考不上律師，如果堅持要走這條路，就會相當辛苦。而當缺少「市場」這個要素，在經濟上就會遇到比較大的困難，例如對運動很有興趣且具有天賦，一心想成為職業運動員，但由於台灣的職業運動市場較小，除非能成為頂尖選手，不然這條職涯也會走得比較辛苦。而當缺少「興趣」這個要素，任何工作都會做得很痛苦，例如具備了會計的能力與天賦，並且市場上對會計的專業有大量的需求，但你就是對會計沒興趣，很難有熱情投入，那當然也會影響工作的表現。

因此，一個「能力」、「市場」、「興趣」三者兼具的工作，是值得我們多花點時間來探索與尋找的，一旦找到了，認真投入與奉獻，全世界都會來幫你的。

第22講　金融業MA是甜蜜的毒藥？

　　有人常説MA的高起薪是個雙面刃，也是裹著糖衣的毒藥，怎麼説呢？因為它會墊高你轉職的門檻。當你習慣每個月領著不錯的薪水時，就算你對這份工作不滿意，或是你覺得還有更喜歡的工作，但你發現自己無法在外面找到更好的待遇時，這份你不是那麼喜歡的工作，就成了很高的機會成本，你會很難放棄，於是只能選擇留下。

想清楚為何而來

　　就像前一講所説，興趣、能力、市場，三者缺一不可。如果錄取MA後才發現，雖不是那麼有興趣，但因為有好的待遇與福利，穩定的生活，讓自己習慣了舒適圈而無法離開，那對年輕人來說是很可惜的，因為一來工作不開心，二來又無法展現自己的天賦而獲得成就感。

過來人怎麼說

　　一銀MA Mr.H分享，一銀雖說待遇不是最高，短期內也不會有很快的升遷和加薪，但長期看來，年終獎金很穩定，也不會有裁員和過大的業績壓力，加上以工時來計算，這份工作的終身CP值絕對是超高，能夠擁有很好的生活水準。但也因為這樣，進來後很不容易出去，待久舒適圈就不想走了。因此建議進來前要想清楚為何而來，才不會走了冤枉路。而最好的方式，就是透過實習，體驗銀行工作的實務運作，心裡的聲音自然會告訴你喜歡或不喜歡。

　　富邦MA Ms.I分享，過去也曾經覺得不那麼喜歡這份高壓力的工作，曾試著轉職到消費品產業做行銷工作，結果發現薪資30%的落差讓他很難接受，同時面試時也會被刁難為何要從金融業轉換跑道到消費品，如果自己都不能說服自己，要說服面試官更難。因此建議要想清楚再來申請MA，金融業要跨到其他產業是比較不容易的，要有心理準備。

　　前花旗MA火星爺爺也建議，年輕人請小心，別太聰明、太算計，工作不是光以薪水來論斷的，否則會喪失很多當下看不清楚的機會。而每一段的經驗累積，一定都有其用意所在，會在出其不意時助你一臂之力。

第*23*講 **為跳槽做好準備**

　　一般而言，三年以內的工作經驗都還算在學習和適應階段，還無法對組織產生重大貢獻，約三到五年以上的工作經驗，才開始算在市場上比較有價值。因此在資淺階段，必須努力累積實力，創作出自己的代表作，甚至建立個人品牌，一步步累積自己在職場上的價值。

隨時處於準備好的狀態

　　尤其現在的市場瞬息萬變，過去在一家公司待一輩子的情形已經不常見了。雖然也有高階主管是從MA一路幹上來的，但也有很多主管是從其他公司跳槽空降而來，當然比例上須視各家公司文化而定。不可否認的是，隨時將自己處於準備好的狀態，當機會降臨時，才能從容面對。

❶ 定期更新履歷

　　定期更新履歷不代表隨時要換工作，也不代表騎驢找馬的心態，而是定期檢視自己這段時間以來的成長歷程，這也是一種對自己負責的態度。藉此，可以發現一段時間以來，

自己是否有新進度，如果沒有可以增加在履歷上的新經歷，
就要以此作為警惕。

此外，你永遠不知道什麼時候外部轉職機會會突然降
臨，如果對方要求履歷表，才很匆促或痛苦地回想過去的經
歷，不僅容易有遺漏，更怕時間壓力下無法呈現最好的。因
此建議你定期更新履歷。

② 善用獵人頭

所謂獵人頭（Head Hunter）或稱企管顧問，主要的工
作是為企業客戶尋找適當的人才，因此獵人頭就像個仲介平
台，求職者是他們的商品，企業客戶是他們銷售商品的對
象。

雖然不是要隨時準備跳槽，但和幾位優質的獵人頭建立
好關係，絕對是有必要的。不僅可以了解業界的動態，也能
適時知道自己在市場上的價值，更有些佛心來著的獵人頭會
為你提供職涯規畫與履歷表修改的建議。

要與獵人頭建立關係，可有以下幾個方式：

（1）朋友介紹

請朋友介紹接觸過不錯的獵人頭。

（2）毛遂自薦

主動將履歷表寄給獵人頭公司，但須注意的是，獵人頭

公司品質參差不齊，小心亂給履歷反而造成負面影響，一定要慎選。像經緯智庫、萬寶華企業管理顧問、藝珂人事顧問、保聖那管理顧問、104獵才顧問等是業界比較耳熟能詳的，也比較有品質保障。

（3）LinkedIn

LinkedIn是近年興起的專業人士社群網站，可以想成是專業人士版的臉書，或是加入社群化功能的104。在LinkedIn上有機會和世界各地的人才和雇主搭上線，當然也包括為數眾多的獵人頭。但前提是，要把精美的履歷、自傳放上LinkedIn，並開始建立你的專業人脈，才能讓更多人看見你。如果你在LinkedIn朋友夠多，履歷也寫得不錯，自然會有獵人頭主動找你。

在台灣，雖然LinkedIn還沒那麼流行，且職缺多為外商公司，但好消息是，最近中文版已經上線，讓使用更加容易，想要在職場上有多元發展機會者，請不要錯過這個平台。

附錄　本國銀行國外分支機構一覽表

總行代號	銀　行　別	國別
006	合作金庫商業銀行馬尼拉分行	菲律賓
	合作金庫商業銀行（子行）—台灣聯合銀行	比利時
	合作金庫商業銀行香港分行	香港
	合作金庫商業銀行北京代表人辦事處	大陸地區
	合作金庫商業銀行雪梨分行	澳大利亞
	合作金庫商業銀行蘇州分行	大陸地區
	合作金庫商業銀行蘇州高新支行	大陸地區
	合作金庫商業銀行天津分行	大陸地區
	合作金庫商業銀行金邊分行	柬埔寨
	合作金庫商業銀行洛杉磯分行	美國
	合作金庫商業銀行西雅圖分行	美國
007	第一商業銀行關島分行	美國
	第一商業銀行紐約分行	美國
	第一商業銀行洛杉磯分行	美國
	第一商業銀行美國第一銀行	美國
	第一商銀美國第一銀行工業市分行	美國
	第一商銀美國第一銀行矽谷分行	美國
	第一商銀美國第一銀行爾灣分行	美國
	第一商業銀行溫哥華分行	加拿大
	第一商業銀行多倫多分行	加拿大
	第一商銀美國第一銀行亞裡市分行	美國
	第一商業銀行新加坡分行	新加坡
	第一商業銀行曼谷代表辦事處	泰國
	第一商業銀行河內市分行	越南
	第一商業銀行仰光代表辦事處	緬甸
	第一商業銀行金邊分行	柬埔寨
	第一商業銀行胡志明市分行	越南

總行代號	銀　行　別	國別
	第一商業銀行倫敦分行	英國
	第一商銀美國第一銀行佛利蒙分行	美國
	第一商業銀行香港分行	香港
	第一商業銀行上海分行	大陸地區
	第一商業銀行澳門分行	澳門
	第一商業銀行成都分行	大陸地區
	第一商業銀行東京分行	日本
	第一商業銀行布里斯本分行	澳大利亞
	第一商業銀行美國第一銀行亞凱迪亞分行	美國
008	華南商業銀行洛杉磯分行	美國
	華南商業銀行紐約分行	美國
	華南商業銀行倫敦分行	英國
	華南商業銀行香港分行	香港
	華南商業銀行新加坡分行	新加坡
	華南商業銀行深圳分行	大陸地區
	華南商業銀行胡志明市分行	越南
	華南商業銀行河內代表辦事處	越南
	華南商業銀行澳門分行	澳門
	華南商業銀行雪梨分行	澳大利亞
	華南銀行深圳寶安支行	大陸地區
009	彰化商業銀行新加坡分行	新加坡
	彰化商業銀行昆山分行	大陸地區
	彰化商業銀行昆山花橋支行	大陸地區
	彰化商業銀行紐約分行	美國
	彰化商業銀行洛杉磯分行	美國
	彰化商業銀行東京分行	日本
	彰化商業銀行倫敦分行	英國
	彰化商業銀行香港分行	香港

總行代號	銀　行　別	國別
012	台北富邦商業銀行洛杉磯分行	美國
	台北富邦商業銀行香港分行	香港
	台北富邦商業銀行平陽分行	越南
	台北富邦商業銀行河內分行	越南
	台北富邦商業銀行胡志明市分行	越南
	台北富邦商業銀行子行富邦華一銀行	大陸地區
	台北富邦商業銀行子行富邦華一銀行上海虹橋支行	大陸地區
	台北富邦商業銀行子行富邦華一銀行上海徐匯支行	大陸地區
	台北富邦商業銀行子行富邦華一銀行上海嘉定支行	大陸地區
	台北富邦商業銀行子行富邦華一銀行上海松江支行	大陸地區
	台北富邦商業銀行子行富邦華一銀行深圳分行	大陸地區
	台北富邦商業銀行子行富邦華一銀行上海閔行支行	大陸地區
	台北富邦商業銀行子行富邦華一銀行天津分行	大陸地區
	台北富邦商業銀行子行富邦華一銀行上海青浦支行	大陸地區
	台北富邦商業銀行子行富邦華一銀行上海新天地支行	大陸地區
	台北富邦商業銀行子行富邦華一銀行深圳寶安支行	大陸地區
	台北富邦商業銀行子行富邦華一銀行上海靜安支行	大陸地區
	台北富邦商業銀行子行富邦華一銀行天津濱海支行	大陸地區
	台北富邦商業銀行子行富邦華一銀行蘇州分行	大陸地區
013	國泰世華商業銀行洛杉磯分行	美國
	國泰世華商業銀行納閩島分行	馬來西亞
	國泰世華商業銀行馬尼拉代表人辦事處	菲律賓
	國泰世華商業銀行曼谷代表人辦事處	泰國
	國泰世華商業銀行新加坡分行	新加坡
	國泰世華商業銀行子行世越銀行	越南
	國泰世華商業銀行上海分行	大陸地區
	國泰世華商業銀行香港分行	香港
	國泰世華商業銀行緬甸仰光代表人辦事處	緬甸

總行代號	銀　行　別	國別
	國泰世華商業銀行上海自貿試驗區支行	大陸地區
	國泰世華商業銀行上海閔行支行	大陸地區
	國泰世華銀行（柬埔寨）股份有限公司 Kampuchea Krom Exchange Off.	柬埔寨
	國泰世華銀行（柬埔寨）股份有限公司 Siem Reap Exchange Office	柬埔寨
	國泰世華銀行（柬埔寨）股份有限公司 Poipet Exchange Office	柬埔寨
	國泰世華銀行（柬埔寨）股份有限公司 Kampong Cham Exchange Office	柬埔寨
	國泰世華銀行（柬埔寨）股份有限公司 Battambang Exchange Office	柬埔寨
	國泰世華銀行（柬埔寨）股份有限公司 Sorya II Exchange Office	柬埔寨
	國泰世華銀行（柬埔寨）股份有限公司 Sorya I Exchange Office	柬埔寨
	國泰世華銀行（柬埔寨）股份有限公司 Sihanouk Exchange Office	柬埔寨
	國泰世華銀行（柬埔寨）股份有限公司 Riverside Exchange Office	柬埔寨
	國泰世華銀行（柬埔寨）股份有限公司 Monivong Exchange Office	柬埔寨
	國泰世華銀行（柬埔寨）股份有限公司暹粒省分行	柬埔寨
	國泰世華銀行（柬埔寨）股份有限公司西哈努克市分行	柬埔寨
	國泰世華銀行（柬埔寨）股份有限公司朱德奔分行	柬埔寨
	國泰世華銀行（柬埔寨）股份有限公司尼赫魯分行	柬埔寨
	國泰世華銀行（柬埔寨）股份有限公司毛澤東分行	柬埔寨
	國泰世華銀行子行世越銀行堤岸分行濱城支行	越南
	國泰世華銀行（柬埔寨）股份有限公司	柬埔寨

總行代號	銀　行　別	國別
	國泰世華銀行子行世越銀行河內分行CIPUTRA2收付處	越南
	國泰世華銀行子行世越銀行峴港分行黃耀支行	越南
	國泰世華銀行子行世越銀行海防分行李自重收付處	越南
	國泰世華銀行子行世越銀行楝多分行安和收支處	越南
	國泰世華銀行子行世越銀行楝多分行吳權收付處	越南
	國泰世華銀行子行世越銀行河內分行陳仁宗收付處	越南
	國泰世華銀行子行世越銀行新平分行李常傑支行	越南
	國泰世華銀行子行世越銀行同奈分行展鵬支行	越南
	國泰世華銀行子行世越銀行河內分行黎仲晉支行	越南
	國泰世華銀行子行世越銀行峴港分行阮智芳支行	越南
	國泰世華銀行子行世越銀行河內分行天龍支行	越南
	國泰世華銀行子行世越銀行芹苴分行興利支行	越南
	國泰世華銀行子行世越銀行堤岸分行平西支行	越南
	國泰世華銀行子行世越銀行河內分行李太祖支行	越南
	國泰世華銀行子行世越銀行楝多分行黎鴻鋒支行	越南
	國泰世華銀行子行世越銀行峴港分行雄王支行	越南
	國泰世華銀行子行世越銀行楝多分行美亭支行	越南
	國泰世華銀行子行世越銀行平陽分行美福支行	越南
	國泰世華銀行子行世越銀行新平分行	越南
	國泰世華銀行子行世越銀行堤岸分行	越南
	國泰世華銀行子行世越銀行堤岸分行富美興支行	越南
	國泰世華銀行子行世越銀行峴港分行	越南
	國泰世華銀行子行世越銀行海防分行Nomura支行	越南
	國泰世華銀行子行世越銀行河內分行CIPUTRA1支行	越南
	國泰世華銀行子行世越銀行同奈分行仁澤支行	越南
	國泰世華商業銀行吉隆坡行銷服務處	馬來西亞
	國泰世華銀行子行世越銀行楝多分行	越南
	國泰世華銀行子行世越銀行同奈分行	越南

總行代號	銀　行　別	國別
	國泰世華銀行子行世越銀行海防分行	越南
	國泰世華銀行子行世越銀行芹苴分行	越南
	國泰世華銀行子行世越銀行平陽分行	越南
	國泰世華銀行子行世越銀行河內分行	越南
	國泰世華商業銀行茱萊分行	越南
	國泰世華商業銀行胡志明市代表人辦事處	越南
	國泰世華商業銀行河內代表人辦事處	越南
017	兆豐國際商業銀行紐約分行	美國
	兆豐國際商業銀行芝加哥分行	美國
	兆豐國際商業銀行洛杉磯分行	美國
	兆豐國際商業銀行巴拿馬分行	巴拿馬
	兆豐國際商銀箇朗自由區分行	巴拿馬
	兆豐國際商業銀行大眾股份有限公司曼谷總行	泰國
	兆豐國際商業銀行東京分行	日本
	兆豐國際商業銀行大阪分行	日本
	兆豐國際商業銀行新加坡分行	新加坡
	兆豐國際商業銀行馬尼拉分行	菲律賓
	兆豐國際商業銀行胡志明市分行	越南
	兆豐國際商業銀行納閩分行	馬來西亞
	兆豐國際商業銀行 蘇州分行	大陸地區
	兆豐國際商業銀行阿布達比代表人辦事處	阿拉伯聯合大公國
	兆豐國際商業銀行金邊分行	柬埔寨
	兆豐國際商業銀行金邊機場支行	柬埔寨
	兆豐國際商業銀行蘇州吳江支行	大陸地區
	兆豐國際商業銀行雪梨分行	澳大利亞
	兆豐國際商業銀行布里斯本分行	澳大利亞
	兆豐國際商業銀行墨爾本分行	澳大利亞

總行代號	銀　行　別	國別
	兆豐國際商業銀行倫敦分行	英國
	兆豐國際商業銀行巴黎分行	法國
	兆豐國際商業銀行阿姆斯特丹分行	荷蘭
	加拿大兆豐國際商業銀行多倫多總行	加拿大
	加拿大兆豐國際商業銀行溫哥華分行	加拿大
	加拿大兆豐國際商業銀行華埠分行	加拿大
	加拿大兆豐國際商業銀行列治文分行	加拿大
	兆豐國際商業銀行大眾股份有限公司春武里分行	泰國
	兆豐國際商業銀行大眾股份有限公司　挽那分行	泰國
	兆豐國際商業銀行大眾股份有限公司羅勇分行	泰國
	兆豐國際商業銀行巴林代表處	巴林
	兆豐國際商銀吉隆坡行銷辦事處	馬來西亞
	兆豐國際商業銀行香港分行	香港
	兆豐國際商業銀行矽谷分行	美國
	兆豐國際商業銀行孟買代表人辦事處	印度
	兆豐國際商業銀行大眾股份有限公司萬磅分行	泰國
103	臺灣新光商業銀行越南胡志明市代表人辦事處	越南
	臺灣新光商業銀行香港分行	香港
805	遠東商銀香港分行	香港
806	元大商業銀行香港代表人辦事處	香港
807	永豐商業銀行香港分行	香港
	永豐商業銀行越南代表人辦事處	越南
	永豐商銀子公司美國遠東國民銀行	美國
	永豐商業銀行洛杉磯分行	美國
	永豐金（香港）財務有限公司	香港
	永豐銀行（中國）有限公司	大陸地區
	永豐商業銀行澳門分行	澳門
	永豐商業銀行九龍分行	香港

總行代號	銀 行 別	國別
	遠東國民銀行Arcadia Branch	美國
	遠東國民銀行胡志明市分行	越南
	遠東國民銀行City of Industry	美國
	遠東國民銀行Cupertino Branch	美國
	遠東國民銀行Fremont Branch	美國
	遠東國民銀行Beijing Rep. Office	大陸地區
	遠東國民銀行San Francisco Main Br.	美國
	遠東國民銀行Monterey Park Branch	美國
	遠東國民銀行L.A. Main Branch	美國
	遠東國民銀行Irvine Branch	美國
	遠東國民銀行Alhambra Branch	美國
808	玉山商業銀行洛杉磯分行	美國
	玉山商業銀行香港分行	香港
	玉山商業銀行新加坡分行	新加坡
	玉山商業銀行東莞分行	大陸地區
	玉山商業銀行仰光代表人辦事處	緬甸
	玉山商業銀行胡志明市代表人辦事處	越南
812	台新國際商銀香港分行	香港
	台新國際商業銀行新加坡分行	新加坡
	越南胡志明市代表人辦事處	越南
822	中國信託商業銀行印尼子行-Jakarta（雅加達分行）	印尼
	中國信託商業銀行加拿大子行-Vancouver	加拿大
	東京之星銀行-Head Office Branch	日本
	東京之星銀行-Osaka Branch	日本
	東京之星銀行-Nagoya Branch	日本
	東京之星銀行-Hiroshima Branch	日本
	東京之星銀行-Fukuoka Branch	日本
	東京之星銀行-Kobe Branch	日本

總行代號	銀　行　別	國別
	東京之星銀行-Sendai Branch	日本
	東京之星銀行-Sapporo Branch	日本
	東京之星銀行-Omiya Branch	日本
	東京之星銀行-Urawa Branch	日本
	東京之星銀行-Funabashi Branch	日本
	東京之星銀行-Matsudo Branch	日本
	東京之星銀行-Chiba Branch	日本
	東京之星銀行-Hiratsukamiyanomae Branch	日本
	東京之星銀行-Konandai Branch	日本
	東京之星銀行-Mizonokuchi Branch	日本
	東京之星銀行-Fujisawa Branch	日本
	東京之星銀行-Yokohama Branch	日本
	東京之星銀行-Chofu Branch	日本
	東京之星銀行-Jiyugaoka Branch	日本
	東京之星銀行-Hibiya Branch	日本
	東京之星銀行-Takashimadaira Branch	日本
	東京之星銀行-Shinjukunishiguchi Branch	日本
	東京之星銀行-Kodaira Branch	日本
	東京之星銀行-Tachikawa Branch	日本
	東京之星銀行-Kichijoji Branch	日本
	東京之星銀行-Koiwa Branch	日本
	東京之星銀行-Ueno Branch	日本
	東京之星銀行-Shibuya Branch	日本
	中國信託商業銀行新德里分行	印度
	中國信託商業銀行香港分行	香港
	中國信託商業銀行紐約分行	美國
	中國信託商業銀行東京分行	日本
	中國信託商業銀行胡志明市分行	越南

總行代號	銀 行 別	國別
	中國信託商業銀行印尼子行-Karawaci	印尼
	中國信託商業銀行斯里伯魯德分行（清奈）	印度
	中國信託商業銀行上海分行	大陸地區
	東京之星銀行-Ginza Branch	日本
	東京之星銀行-Ikebukuro Branch	日本
	東京之星銀行-總行	日本
	東京之星銀行-子公司 Tokyo Star Business Finance, Ltd.	日本
	東京之星銀行-子公司 TSB Servicer, Ltd.	日本
	東京之星銀行-子公司 TSB Capital, Ltd.	日本
	中國信託商業銀行加拿大子行-Toronto	加拿大
	中國信託商業銀行印尼子行-Puri Kencana	印尼
	中國信託商業銀行菲律賓子行-Bonifacio Global City	菲律賓
	中國信託商業銀行印尼子行-Darmo（泗水支行）	印尼
	中國信託商業銀行印尼子行-Pluit	印尼
	中國信託商業銀行印尼子行-Dago（萬隆支行）	印尼
	中國信託商業銀行新加坡分行	新加坡
	中國信託商業銀行菲律賓子行-Las Pinas	菲律賓
	中國信託商業銀行菲律賓子行-Magallanes	菲律賓
	中國信託商業銀行菲律賓子行-Cebu Mandaue	菲律賓
	中國信託商業銀行菲律賓子行-Davao	菲律賓
	中國信託商業銀行菲律賓子行-Angeles	菲律賓
	CTBC Capital Corp.	美國
	中國信託商業銀行洛杉磯代表人辦事處	美國
	萬銀財務（香港）有限公司	香港
	美國中信銀行-Rowland Heights	美國
	中國信託商業銀行加拿大子行-Burnaby	加拿大
	中國信託商業銀行九龍分行（支行）	香港

總行代號	銀　行　別	國別
	中國信託商業銀行印尼子行-Mangga Dua	印尼
	中國信託商業銀行加拿大子行-Richmond	加拿大
	中國信託商業銀行印尼子行-Kelapa Gading	印尼
	中國信託商業銀行印尼子行-Cikarang	印尼
	中國信託商業銀行印尼子行-Surabaya（泗水分行）	印尼
	中國信託商業銀行印尼子行-Bandung（萬隆分行）	印尼
	中國信託商業銀行曼谷辦事處	泰國
	中國信託商業銀行北京辦事處	大陸地區
	中國信託商業銀行菲律賓子行-Del Monte	菲律賓
	中國信託商業銀行菲律賓子行-Cagayan de Oro	菲律賓
	中國信託商業銀行菲律賓子行-Sucat	菲律賓
	中國信託商業銀行菲律賓子行-Subic	菲律賓
	中國信託商業銀行菲律賓子行-Dela Costa	菲律賓
	中國信託商業銀行菲律賓子行-Buendia-Pasong Tamo	菲律賓
	中國信託商業銀行菲律賓子行-Ortigas	菲律賓
	中國信託商業銀行菲律賓子行-Marikina	菲律賓
	中國信託商業銀行菲律賓子行-Mabini	菲律賓
	中國信託商業銀行菲律賓子行-Taytay	菲律賓
	中國信託商業銀行菲律賓子行-Greenhills	菲律賓
	中國信託商業銀行菲律賓子行-Cebu Banilad	菲律賓
	中國信託商業銀行菲律賓子行-Cavite	菲律賓
	中國信託商業銀行菲律賓子行-Carmona	菲律賓
	中國信託商業銀行菲律賓子行-Binondo	菲律賓
	中國信託商業銀行菲律賓子行-Ayala	菲律賓
	中國信託商業銀行菲律賓子行-Rada	菲律賓
	中國信託商業銀行菲律賓子行-Alabang	菲律賓
	美國中信銀行-Flushing	美國
	美國中信銀行-Brooklyn	美國

總行代號	銀　行　別	國別
	美國中信銀行-Edison	美國
	美國中信銀行-Los Angeles	美國
	美國中信銀行-City of Industry	美國
	美國中信銀行-San Marino	美國
	美國中信銀行-Cupertino	美國
	美國中信銀行-Monterey Park	美國
	美國中信銀行-Milpitas	美國
	中國信託（菲律賓）商業銀行	菲律賓
	中國信託商業銀行（加拿大）	加拿大
	中國信託商業銀行（印尼）	印尼
	美國中信銀行	美國
	中國信託商業銀行河內辦事處	越南
	美國中信銀行-Irvine	美國
	美國中信銀行-San Gabriel	美國

資料來源：金管會（截至2014.09）

求職策 GUIDE　　憑本書可享以下課程九折優惠

專業MA培訓課程，幫助您實現金融業MA夢想

【MA菁英特訓班】

全台唯一、教授攻略金融業MA的完整課程。評估個人求職戰力、申請書、面試攻略、關卡模擬演練，一一破解MA求職密技。

【MA求職諮詢】

由專業顧問米卡線上輔導，針對個人背景分析、目標企業職缺、面試準備等提供全方位攻略建議。

【MA申請文件健診】

涵蓋經歷及申論題等申請書各部分，依個人背景及目標調整評鑑角度，提供兩頁以上的報告書建議修改方向。

※詳細優惠方案、兌換方式及服務價格，請見「求職策」部落格公告。http://financialcareer-teriyaki.blogspot.tw/

※優惠至2015.12.31截止

關於米卡

台灣最知名的金融求職顧問，協助上百位客戶求職投銀、管顧、MA等領域熱門職缺，成功進入高盛、摩根史丹利、ABeam、渣打、花旗、中信、富邦等企業。金融研訓院、台政清大院校、企業MA訓練特聘講師。

MA寶典：進入金融業一定要知道的23件事

2015年3月初版　　　　　　　　　　　定價：新臺幣300元
有著作權・翻印必究.
Printed in Taiwan

| 著　　　者 | 班 | | 克 |
| 發 行 人 | 林 | 載 | 爵 |

出　版　者	聯經出版事業股份有限公司	叢書主編	鄒	恆	月
地　　　址	台北市基隆路一段180號4樓	校　　對	鄒	辰	偉
編輯部地址	台北市基隆路一段180號4樓	封面設計	黃	聖	文
叢書主編電話	(02)87876242轉223	內文排版	陳	玟	稜

台北聯經書房：台北市新生南路三段94號
電　　　話：(02)23620308
台中分公司：台中市北區崇德路一段198號
暨門市電話：(04)22312023
台中電子信箱　e-mail：linking2@ms42.hinet.net
郵政劃撥帳戶第0100559-3號
郵撥電話：(02)23620308
印　刷　者　文聯彩色製版印刷有限公司
總　經　銷　聯合發行股份有限公司
發　行　所　新北市新店區寶橋路235巷6弄6號2樓
電　　　話：(02)29178022

行政院新聞局出版事業登記證局版臺業字第0130號

本書如有缺頁，破損，倒裝請寄回聯經忠孝門市更換。　ISBN　978-957-08-4292-0 (平裝)
聯經網址：www.linkingbooks.com.tw
電子信箱：linking@udngroup.com

國家圖書館出版品預行編目資料

MA寶典：進入金融業一定要知道的23件事/
班克著 . 初版 . 臺北市 . 聯經 . 2015年3月（民104年）.
192面 . 14.8×21公分
ISBN　978-957-08-4292-0（平裝）

1.金融業　2.職場成功法

561　　　　　　　　　　　　　　　104002031